ESSAIS

DE POLITIQUE CONTEMPORAINE

PARIS

IMPRIMERIE WIESENER. — LUTIER ET COMP.

34, — Rue Delaborde, — 34.

ESSAIS

E POLITIQUE CONTEMPORAINE

PAR

J. DE NOAILLES

DUC D'AYEN

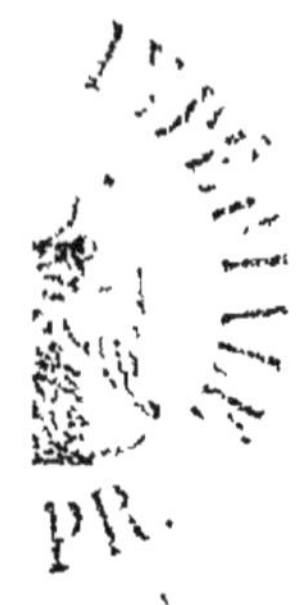

PARIS

J. AMYOT, LIBRAIRE-ÉDITEUR

Rue de la Paix

1869

PRÉFACE

Cédant aux instances de nombreux amis, je me suis décidé à réunir en un volume quelques essais publiés dans différents recueils.

Les graves questions qui s'y trouvaient traitées sont encore à l'ordre du jour. Qui peut même prévoir quand elles seront résolues ?

Toutefois l'opinion a marché en avant, et adopté la plupart des doctrines que je défendais il y a plusieurs années, avec un petit nombre d'adhérents.

Espérons que le pays ne s'arrêtera pas dans cette voie libérale, sans prendre pourtant une course effrénée et aveugle, comme il est trop souvent arrivé dans notre histoire si féconde en désastres et en déceptions.

L'acheminement pénible de la France vers la liberté politique, tour à tour reconquise et perdue par une sorte de fatalité périodique, rappelle la marche de ces pélerins du moyen âge qui accomplissaient le vœu singulier d'aller à Rome en faisant trois pas en avant et deux en arrière. Ils arrivaient, dit-on; nous arriverons également, à la condition de montrer la persévérance que donne la la foi politique aussi bien que les convictions religieuses.

La reproduction des divers essais que je présente au public est pour moi l'occasion à la fois d'un regret et d'un scrupule :

Je me crois obligé de ne rien changer au texte primitif que j'ai conservé avec les fautes et les inexactitudes inséparables d'un premier travail; on ne me reprochera pas ainsi de chercher, par des modifications complaisantes, à flatter les penchants des électeurs devant lesquels je me présente aujourd'hui. Les défaillances de l'auteur auront pour excuse la loyauté du candidat.

Tout ce que contient ce volume a été écrit en dehors des préoccupations électorales; si le temps ou l'expérience acquise semble exiger quelques changements, j'ai le regret de les ajourner à une autre édition; pour celle-ci je me bornerai à réclamer l'indulgence du lecteur.

Aux pages déjà publiées, j'ai ajouté un travail inédit sur la question Algérienne vers laquelle l'intéressant discours de M. Léopold Lehon a rappelé l'attention et les sympathies générales, en dépit de la fièvre électorale qui s'est emparée du pays.

La question Algérienne attend, elle aussi, sa solution; je n'ai certes pas la pretention de la donner; mais on trouvera quelque intérêt peut-être à comparer l'état présent à l'état passé de l'Algérie, dont l'avenir nous inspire, malgré tout, une ferme confiance.

EXTRAIT DE LA REVUE DES DEUX MONDES
LIVRAISON DU 1er JUIN 1862

DE LA CONSTITUTION ANGLAISE ET DES CONDITIONS DU GOUVERNEMENT REPRÉSENTATIF

The British Constitution : its history, structure, and Working, by Henry, lord Brougham, etc., 1 vol. London and Glasgow, 1861.

Quelles sont les conditions des gouvernements de libre discussion ? quels en sont les dangers et les bienfaits ? Voilà une de ces questions qui réveillent le souvenir des anciennes formes parlementaires, et qu'il pourrait sembler peu opportun d'examiner aujourd'hui. Cependant on ne cesse de s'en occuper dans des pays voisins du nôtre, et nous regretterions par exemple de laisser passer, sans chercher à le faire connaître, un ouvrage récemment écrit sur ce sujet si grave et si délicat par un homme d'État éminent de la Grande-Bretagne. Ce livre a pour titre : *la Constitution de l'Angleterre, son histoire, sa structure et le jeu de ses institutions.* L'auteur a été un ministre considérable de la couronne, et il demeure encore le premier légiste de son pays. Ayant dépassé sans faiblir les limites ordinaires de la vie active, lord Brougham paraît vouloir couronner aujourd'hui sa brillante carrière par la publication d'une sorte de testament politique plein des conseils éclairés d'une longue expérience.

Il est intéressant de voir dans quelle forme les écrivains supérieurs et les esprits politiques de l'Angleterre s'adressent à leurs concitoyens. Leurs écrits offrent souvent comme un reflet de l'habitude de parler à une chambre ou à un *meeting.* Peu soucieux des hauteurs de la philosophie historique, la plupart ne sortent que bien rarement du domaine de l'utile et des intérêts nettement définis qui constituent la vie quotidienne et la prospérité pratique des nations. Un livre ainsi conçu et écrit ne saurait avoir d'analogue chez nous ; trop aride et trop diffus dans ses détails techniques pour le commun des lecteurs, trop dépourvu de déclamations séduisantes pour le grand nombre, il paraîtrait aux esprits d'élite manquer de vues d'ensemble et d'aperçus nouveaux ; on le trouverait aussi trop rempli d'enseignements et de remarques connues, répétées avec une insistance souvent exagérée et un trop grand luxe de développements. Dans la brusque et originale familiarité de sa forme, l'ouvrage de lord

Brougham a tous ces caractères: il est écrit pour un monde politique différent du nôtre. On devine que toute l'Angleterre lira le livre de ce vétéran des assemblées délibérantes, tour à tour libéral et conservateur, et qu'on le rencontrera aussi bien sur le bureau des ministres que dans les mains des commerçants ou des grands fermiers, grâce à cette diffusion de la science politique et économique qui est peut-être le plus précieux apanage de cette nation si souvent enviée.

L'ouvrage est dédié à la reine, et la dédicace n'en est pas une des pages les moins caractéristiques. Dans les quelques lignes où l'auteur offre à sa souveraine « le fruit des longues études, des calmes réflexions et de l'expérience de toute une longue vie passée dans les affaires, il considère comme une bénédiction » le système politique de son pays, en même temps qu'il laisse voir avec quelque orgueil que les nations étrangères, malgré leurs efforts d'imitation, ne pourront jamais parvenir à goûter les mêmes bienfaits; il célèbre les vertus privées de la reine et l'usage strictement constitutionnel qu'elle fait de ses hautes fonctions, la remercie des honneurs particuliers qu'il en reçut, et témoigne de sa reconnaissance, partagée par un grand peuple, envers un règne qui fait la gloire, la sécurité et le bonheur de la nation. Heureux ceux qui n'ont pas eux-mêmes brûlé les dieux de leur jeunesse ou qui ne les ont pas vu traîner par d'autres dans la poussière et l'ignominie! Heureux le vieillard qui, à la fin d'une longue carrière, vient, comme lord Brougham, bénir son pays et ses lois, nouveau *laudator temporis acti*, non pour se plaindre des temps nouveaux, mais pour se féliciter du présent, tout en louant les jours passés !

Le sujet du livre est une histoire des longues luttes de la liberté contre le despotisme en Angleterre, et l'explication détaillée des vraies conditions de l'usage légitime de la liberté; mais indépendamment des savantes recherches historiques que renferment les pages de lord Brougham, on y découvre deux points de vue dominants : le premier, que la vraie science du gouvernement mixte et parlementaire est la science des compromis et des concessions mutuelles, c'est-à-dire que chaque parti politique, chaque branche du pouvoir doit alternativement se résoudre à ne voir jamais réaliser qu'incomplètement l'objet de ses vœux et de ses efforts les plus légitimes : grand et sage principe, dont on ne saurait trop proclamer l'utilité et l'importance; le deuxième point de vue, c'est que le droit de résistance est le fondement même et la sauvegarde du système politique des Anglais, ce que démontre, dans l'ouvrage même, la suite des événements.

Peut-être sera-t-il difficile au lecteur français de suivre le noble auteur à travers cette longue leçon d'histoire, faite sous le double aspect du droit qu'a le peuple de résister à toute oppression et de la science des compromis politiques. En effet, dans la succession un peu confuse des faits exposés par lord Brougham, on voit disparaître quelquefois si complètement et durant des intervalles si longs l'exercice et la notion du droit de résistance, qu'on s'étonne de le retrouver encore assez vivace et assez fort pour venir juste au moment favorable remporter la dernière victoire et marquer la base des institutions de l'empire britannique. La science des compromis réciproques entre les partis opposés n'a pas moins contribué pour sa part, selon lord Brougham, à créer l'Angleterre moderne; on ne saurait le contester, mais il faut avouer aussi qu'elle fut de fort peu d'usage sous les Stuarts, comme le droit de résistance avait été bien oublié sous les Tudors.

Aussi cette double pratique du droit de résistance et de la science des compromis, érigée par la complaisance patriotique de lord Brougham en un système raisonné et de tout temps appliqué en Angleterre, pourrait-elle n'être, après tout, que le résultat des nécessités ordinaires de la vie historique d'une nation; chez tous les peuples les luttes ont toujours été soutenues par l'esprit de résistance, et le succès définitif d'un parti a toujours été acheté par quelque compromis plus ou moins apparent. Les victoires absolues sont bien rares dans le monde. Si la théorie des compromis formait le fond des idées politiques d'un peuple, et qu'il en acceptât d'avance l'application constante, la pierre philosophale, en fait de gouvernement, serait trouvée, et les constitutions, ailleurs même qu'en

Angleterre, pourraient presque prétendre à une éternelle durée.

Sans accorder absolument aux Anglais le monopole de l'esprit de résistance et de compromis, on doit reconnaître pourtant que ce peuple a toujours montré en ce point une supériorité dont au reste il a su tirer de grands avantages ; mais il faut ajouter qu'il a bien eu au moins autant de bonheur que de conduite.

Malgré son admiration passionnée pour les institutions de son pays, et après avoir dit que le peuple ne doit jamais rien céder des droits acquis au prix de son sang, lord Brougham cependant, à la fin de son livre, ne laisse pas de convenir que les plus sacrés de ces droits ont été plusieurs fois supprimés pour un temps, et de prétendre que la suprême perfection de la constitution anglaise est de pouvoir laisser susprendre légalement tous les droits qu'elle garantit. Mais qui sera juge entre le gouvernement et le peuple de l'opportunité de ces sortes de coups d'Etat ? C'est là l'éternelle question que le noble historien, pas plus qu'aucun autre, n'est en mesure de résoudre ; aussi il nous avertit avec une entière bonne foi qu'on ne doit pas mettre toute sa confiance dans les statuts écrits, les constitutions ou les chartes, quelles qu'en soient les perfections théoriques. Acceuillons ce sage précepte, Il est, hélas ! trop vrai que c'est uniquement à la vertu et à l'énergie des citoyens, aussi bien qu'aux talents de ceux qui gouvernent, qu'il faut demander la stabilité et la liberté dans les institutions. La plus parfaite des constitutions, même celle de l'Angleterre, ne saurait donner une formule souveraine pour échapper aux difficultés sans cesse renaissantes de la vie des nations; et si l'Angleterre peut à juste titre être fière de ses institutions, elle doit l'être encore plus des hommes qui ont su la gouverner depuis deux cents ans.

Telles sont les remarques auxquelles on est conduit après une lecture attentive de l'ouvrage de lord Brougham. Ce n'est pas néanmoins sans quelque effort qu'on arrive à en dégager une conclusion nette et précise, car l'auteur, emporté par une érudition fougueuse, passe volontiers de Minos au duc de Wellington, ou des Saxons et des Danois au *reform bill* de 1832. Sans prétendre le suivre toujours dans la marche un peu capricieuse de ses déductions, attachons-nous à quelques traits essentiels, aux vues vraiment pratiques qui le recommandent à notre attention. Essayons de faire connaître, d'après lord Brougham, comment s'est formée, comment est pratiquée la constitution anglaise, et quels enseignements on en peut tirer pour l'application du gouvernement parlementaire dans d'autres pays.

I

La première question qui se présente naturellement à l'esprit est celle-ci : Qu'est-ce que la constitution anglaise ? La réponse est difficile, si l'on exige qu'elle soit complète et précise. « La constitution anglaise, dit lord Brougham, est mixte, et non pas pure dans sa forme; c'est une monarchie mixte, née de ce principe évident, qu'aucune des formes pures de gouvernement, monarchie, aristocratie ou démocratie, ne suffit à la sécurité des droits d'un peuple et à la bonne administration de ses affaires. Toutes les formes pures de gouvernement donnent lieu aux mêmes objections, et sont pleines de violences, d'insuffisances et de dangers qu'on ne peut conjurer que par un mélange de pouvoirs combinés de telle sorte qu'ils se servent mutuellement de barrières et de contre-poids, car tant que l'homme sera soumis aux faiblesses de l'infirmité humaine, ceux qui auront le pouvoir en mains seront portés à en abuser. »

Certains esprits plus exigeants voudraient, pour trouver la définition pleinement satisfaisante, qu'on leur expliquât comment la constitution anglaise est faite, et pourquoi elle est ainsi faite. En effet, dira-t-on, quel fut le germe moral, quelle fut la tendance du caractère national qui fit naître et choisir la forme adoptée dans l'établissement des institutions de l'Angleterre? L'esprit dominant qui constitua la France fut la tendance à l'unité de territoire et de nationalité par la centralisation monarchique, administrative et militaire, avec l'égalité pour passion et la gloire des armes pour premier penchant. Nos parlements comme nos rois, la république comme le premier empire, ont tous marché dans ce sens, à travers bien des luttes et malgré les différents caractères des hommes et des temps. L'esprit des institutions anglaises, au contraire, est la tendance au *self government*, ce qui veut dire le citoyen administrant et gouvernant, sans pour cela devenir fonctionnaire. La constitution de l'Angleterre est donc une œuvre défensive contre tout pouvoir; elle est le rempart et le bouclier de la famille et de l'individu contre l'oppression d'un seul ou de plusieurs; elle a pour but au dedans l'acquisition et la conservation de la richesse et de la liberté individuelle et politique, et au dehors la conquête commerciale et lucrative sous forme de colonies, avec l'empire des mers comme première ambition nationale.

Indiquer ces caractères dominants de la constitution anglaise, ce n'est pas la définir complètement. Personne n'ignore que cette constitution, monument antique et mystérieux, n'est point un corps de doctrines, un traité politique et philosophique, ou un contrat savamment rédigé d'après nos idées françaises. C'est un ensemble un peu obscur de lois nouvelles ou anciennes non abrogées et parfois contradictoires, un assemblage de traditions d'esprit public, d'usages et de formes neuves ou surannées, reliés par un amour du progrès égal au respect du passé, et qu'il faut étudier dans les faits comme dans les luttes de chaque jour depuis les temps les plus anciens. Sans prétendre refaire avec lord

Brougham l'histoire de la constitution anglaise depuis les temps des Anglo-Saxons jusqu'à la grande révolte des barons sous Jean-sans-Terre et à la concession de la grande charte ; sans accepter la théorie de ceux qui prétendent que le système représentatif a toujours existé en Angleterre sous une forme ou sous une autre, on ne peut s'empêcher de reconnaître que les grands propriétaires fonciers, c'est-à-dire les barons, ont eu à toutes les époques une grande part dans le pouvoir législatif, ou en d'autres termes dans le pouvoir suprême de l'État, et que l'aristocratie, pour soutenir ses longues luttes contre la royauté, fut obligée de se concilier le peuple et de s'assurer de son concours dans les guerres civiles. Aussi fit-elle à ses propres vassaux des concessions analogues à celles qu'elle réclamait du roi pour elle-même.

Au milieu des luttes et des désordres qui remplirent les premiers temps de l'histoire d'Angleterre, ce qui frappe d'abord, c'est la bassesse et la servilité des parlements pendant les guerres des Plantagenets et des Yorks, et surtout pendant la tyrannique domination des Tudors. De l'étude de cette partie de l'histoire au point de vue représentatif, on peut, avec lord Brougham, tirer ce principe, que le degré de tyrannie des chefs ou de la liberté des sujets dépend bien plus de la manière dont le peuple et ses guides se conduisent et tirent parti de leur constitution que de la forme de cette constitution elle-même ; on peut aussi s'indigner avec le noble historien de l'abaissement de « ces honteux parlements » ; mais d'autres pourraient se montrer moins sévères, car enfin, malgré leurs faiblesses, ces parlements méritent quelque reconnaissance pour avoir su ne se jamais laisser détruire et conserver intact et inviolable un lambeau de droit et de liberté, qui dans la suite a pu servir de point de départ et d'origine à la grandeur politique de l'Angleterre. Au reste, parmi les causes de ce long asservissement des parlements, une des principales fut cette méfiance mutuelle que les hommes s'inspirent les uns aux autres alors qu'il faut risquer sa fortune ou sa vie pour donner le premier élan à la résistance contre l'oppression; c'est ce sentiment de la crainte de n'être ni soutenu ni suivi par ses concitoyens qui fait la principale force des gouvernements établis par la violence; c'est ce qui permit aux triumvirs de la France en 1793 de dominer la Convention et le pays pendant deux longues années de crimes et de souffrances, et ce qui explique aussi la tyrannie de la chambre étoilée, qui n'aurait jamais pu tenir contre une législature unie et courageuse.

Avec la dynastie des Stuarts commence et finit la lutte décisive du despotisme et de la liberté, lutte terrible qui, comme il arrive d'ordinaire, emporta les différents partis bien plus loin qu'aucun d'eux ne voulait aller, et les força bientôt par cela même à retourner en arrière. Lord Brougham affirme à ce propos qu'en Angleterre, alors, comme en France cent cinquante ans après, la grande majorité de la nation était opposée au renversement de la monarchie; que le parti républicain, d'abord extrêmement peu considérable, fut toujours en Angleterre encore moins nombreux qu'en France, et qu'en outre, dans les deux révolutions, le parti vainqueur dut ses succès aux mêmes causes, car ce fut dans les deux pays la mollesse et la pusillanimité des gens honnêtes qui firent triompher les ennemis du peuple. A certaines époques, la faiblesse aussi est un crime, et celui qui permet le triomphe de l'injustice partage la culpabilité, bien qu'il ne partage pas la dépouille. « Le principe, — dit-il, et nous lui laissons la responsabilité de cette opinion, — la cause historique et le fondement même de l'établissement de la constitution anglaise, telle qu'on la voit pratiquée aujourd'hui, c'est la résistance nationale aux empiétements et aux derniers efforts de la royauté sous Jacques II. Alors la base du gouvernement fut combinée de manière à trouver dans le droit de résistance du peuple sa pierre angulaire ; c'est un point capital qu'il ne faut pas perdre de vue. Il n'est pas moins utile de se rappeler toujours combien ce principe de résistance est essentiel à la conservation de la constitution ainsi établie et assurée, et combien il importe aux gouvernants et aux gouvernés de considérer que le recours au droit de résistance est toujours possible dans les cas désespérés, recours, il est vrai, qu'on doit regarder comme une dernière extrémité, mais qui néanmoins est toujours un expédient à la portée du peuple, et qui sera son refuge autant de fois que les maîtres du pouvoir le lui rendront nécessaire pour sa défense personnelle (1). »

La durée et la conservation de l'édifice d'un gouvernement mixte, fondé ainsi après tant de combats sur le droit de résistance, sont uniquement dus à la sagesse de tous les pouvoirs, et ici commence le rôle de la politique de compromis. En Angleterre, les plus terribles conflits n'ont amené que des changements modérés; en France, au contraire, les luttes des partis ont généralement fini par des révolutions. Si les compromis ne suffisent pas, et si la concession à faire n'est pas radicalemeut désastreuse, un parti cédera parfois complètement à l'autre, à charge de revanche dans une occasion ultérieure. La conséquence est que personne ne l'emporte absolument dans aucune question d'après ses prétentions premières, et que les affaires prennent un cours différent de celui qu'elles auraient suivi, si un des partis avait eu seul la puissance.

De l'abandon d'une partie des prétentions de chacun résulte un mouvement combiné de toute la machine de l'État et une impulsion donnée tour à tour à l'ensemble du gouvernement par chacun de ses différents pouvoirs. Aussi est-ce une erreur grave, bien que généralement répandue, d'admettre comme un prin-

(1) Chapitre XVII, page 251.

cipe que chacun peut légitimement faire en toute occasion tout ce que comportent sa puissance et son droit poussés à la dernière conséquence. Si ce principe était vrai, toute société civile serait détruite et tout gouvernement renversé, ou plutôt aucun gouvernement ni aucune société ne pourrait être fondé.

La grande force de la constitution anglaise est la netteté avec laquelle elle reconnaît et établit les trois principes fondamentaux de tout gouvernement mixte. Le premier, c'est que la délégation du pouvoir suprême doit être confiée à plusieurs corps différents entièrement séparés et indépendants; le second, c'est que le consentement de chacun de ces corps doit être regardé comme indispensable pour la validité de tout acte législatif; le troisième enfin, c'est qu'aucun changement ne peut être fait aux lois, aucun acte adopté touchant la vie, la liberté ou les propriétés des citoyens, sans l'assentiment de chacun des trois pouvoirs dirigeants.

L'histoire nous a montré sur quelles bases s'appuie et sous quelles influences s'est développée la constitution anglaise. Examinons maintenant de quelle nature sont les droits qu'elle confère aux citoyens, comment ils se partagent, comment ils sont exercés.

L'exercice du plus important des droits et la grande affaire en Angleterre est l'élection des représentants de la nation, qui tiennent le gouvernement presque en entier dans leurs mains. La découverte moderne du principe de la représentation nationale a pu seule résoudre les difficultés du problème des gouvernements mixtes, difficultés insolubles dans l'antiquité avec l'intervention directe de tous les citoyens dans les affaires. En outre, « un des avantages du système représentatif est de permettre dans un vaste territoire l'établissement d'un gouvernement populaire tout en échappant à la domination de la foule. En effet, le corps restreint des élus n'est pas composé des mêmes éléments que le corps considérable des électeurs, car dans toute agglomération d'hommes la multitude des ignorants et des sots surpasse de beaucoup le petit nombre de gens instruits, réfléchis et sages. Ainsi, quand la totalité du peuple s'assemble pour discuter des mesures à adopter, les décisions sont prises selon le jugement et les lumières, ou bien plutôt selon la folie et l'ignorance de la majorité de cette multitude aveugle, qui forme nécessairement la masse de la nation rassemblée. »

Au reste, il est curieux de voir le peu d'effet que font de l'autre côté de la Manche, sur les esprits les plus expérimentés, les corruptions électorales. Le grand point aux yeux des Anglais, c'est que les représentants élus, fût-ce par de blâmables moyens, soient eux-mêmes incorruptibles, et lord Brougham affirme que, pendant les cinquante ans de sa vie parlementaire, il n'a jamais entendu exprimer un soupçon de corruption ou formuler un doute sur la pureté d'un seul des membres de la chambre des communes. Il propose bien quelque moyen d'atténuer le vice de la corruption électorale, mais laisse voir peu d'espérance qu'on puisse le supprimer jamais, et en prend fort tranquillement son parti. Il ne craindrait pas non plus le système du suffrage universel, dont les choix ne seraient pas très différents des choix actuels. Nous le croyons sans peine, car la puissance de la partie dominante de la nation est encore assez grande pour peser aussi bien sur la totalité que sur une fraction des électeurs qui sont sous sa dépendance ou son influence immédiate (1).

Selon lord Brougham, qui regrette de ne pas voir une plus grande part attribuée aux ouvriers anglais dans l'administration des affaires publiques, le grand progrès réalisé depuis 1688 est la constitution pure du parlement et l'extension donnée à la base de la représentation populaire. Tant que la chambre des communes, élue par une fraction trop restreinte de la nation, fut ainsi dominée par les sentiments et les intérêts d'une classe spéciale, le gouvernement ressembla plus à une aristocratie ou plutôt à une monarchie aristocratique qu'à un gouvernement mixte participant à la fois des trois formes pures, aristocratie, monarchie, démocratie. « Ce ne serait pas trop subtiliser, dit à ce propos lord Brougham, que d'affirmer que la constitu-

(1) Le duc de Bedfort, qui disposait de six colléges électoraux, disait « qu'avec le suffrage universel, il aurait dans la main encore un plus grand nombre d'élections. » (P. 92.)

tion anglaise avant la réforme de 1831 et 1832 avait plutôt les caractères d'une monarchie aristocratique que ceux de la triple combinaison dont lui faisaient honneur ses admirateurs passionnés. » Il n'y aurait donc, à vrai dire, pas plus de trente ans que l'Angleterre est parvenue à la réalisation complète du gouvernement mixte et parlementaire. « Mais, ajoute le noble lord, en 1832, notre constitution fut placée sur une base plus large et plus sûre, et, bien qu'il reste quelque chose à faire, avant que nous puissions affirmer que toutes les classes sont suffisamment représentées au parlement, toujours est-il que nous ne sommes plus exposés ni au danger de voir nos libertés détruites, ni à la nécessité d'avoir recours pour nous sauver aux hasards du droit de résistance, car personne ne saurait nier qu'une part considérable n'ait été faite au principe démocratique dans la combinaison de notre monarchie mixte. »

Cette assertion sur la part faite au principe démocratique en Angleterre est fort contestable. Au temps de Cromwell seulement, sous la forme puritaine et militaire, cette part fut assez grande, et on sait quelle fut alors celle de la liberté. Accordons cependant que l'Angleterre possède les combinaisons les plus satisfaisantes au point de vue de l'exercice du gouvernement parlementaire. De quelles forces dispose-t-elle pour défendre ces institutions précieuses ? On trouvera la réponse à cette question dans un curieux chapitre intitulé :

Des forces défensives matérielles. Ces forces sont considérables, à ne compter que celles que la courageuse et ferme aristocratie anglaise trouverait dans son immense et dévouée clientèle, et que le commerce et le demi-million de créanciers de la dette publique fourniraient aussi pour résister à outrance à toute tyrannie, soit d'un prince, soit d'une insurrection populaire. L'auteur estime que les détenteurs de la rente, dont le nombre dépasse six cent mille, pourraient fournir cent cinquante mille hommes bien équipés. La propriété foncière, qui représente un revenu de 60 millions sterling (1 milliard 500 millions de francs), compte deux cent mille propriétaires, dont les tenanciers et les clients sont certainement en nombre double, ce qui formerait une armée de six cent mille hommes, en supposant même que la classe des manufacturier et des commerçants restât neutre, ce qui n'est guère probable, car autant que personne elle a intérêt à défendre l'ordre et la propriété.

Confiante dans son amour de la paix, l'Angleterre ne veut pas d'armée permanente à l'intérieur, et a l'œil très ouvert sur les dangers que fait courir aux libertés des peuples l'entretien régulier d'une trop grande force militaire; la milice et le peuple armé en cas d'urgence lui paraissent de suffisants moyens de défense nationale à l'intérieur comme à l'extérieur. C'est l'idée qu'on a voulu réaliser par la formation des corps de volontaires, qui depuis deux ans a si fort occupé les esprits en

Angleterre. La conscription est aux yeux des Anglais une institution injuste et tyrannique envers les individus, frappant très inégalement les diverses classes de la société, et trop favorable à la création des grandes armées permanentes, qui sont naturellement aux ordres des princes; l'enrôlement volontaire leur semble une suffisante garantie pour maintenir leur effectif sur un pied normal, et en effet pendant les terribles guerres de l'Empire ils n'ont pas cherché à changer ce principe de recrutement. Il faut remarquer ici qu'une organisation militaire aussi faible et aussi rassurante pour la liberté individuelle des citoyens peut convenir à l'Angleterre, mais serait insuffisante pour la plupart des grands États du continent. Les îles Britanniques sont un champ clos où, à l'abri de l'invasion étrangère, les Anglais peuvent en sûreté prolonger ou vider leurs querelles intestines. La France, au contraire, entourée d'ennemis et dépourvue de bonnes frontières, dut adopter une conduite opposée, et pour son salut sacrifier ses intérêts et ses droits aux avantages de l'unité militaire; elle tendit à se constituer comme un camp toujours en armes où le roi seul serait maître. Nos pères n'ignoraient ni ces nécessités, ni les conséquences qui en pouvaient découler; ils s'y résignaient, et la noblesse s'y soumit et s'y dévoua tout entière, mais non sans protester souvent. Commines ne disait-il pas : « Le roi Charles VII, qui gagna ce point d'imposer la taille à son plaisir, sans le consentement des États, chargea fort son âme et celle de ses successeurs, et fit à son royaume une plaie qui longtemps saignera (1)? » Au reste, c'est aux malheurs de la guerre de cent ans et à la passion de la France pour l'expulsion de l'étranger qu'il faut attribuer l'impulsion définitive imprimée à notre histoire vers l'unité monarchique absolue; c'est aux Anglais peut-être qu'à l'origine nous fûmes redevables de notre abaissement en fait de libertés politiques, et, comme disait Commines, de cette « plaie qui saigne encore. »

Plus heureux que nous, les Anglais ont pu s'assurer d'une forme de gouvernement qui paraît réunir les conditions nécessaires à la liberté, dont les principaux points d'appui dans la marche quotidienne des affaires sont la presse libre, les *meetings*, le jury, la magistrature et la pairie héréditaire.

La grande garantie de la liberté générale, selon lord Brougham, est la liberté de la presse; mais il fait contre elle une audacieuse et virulente sortie, l'accusant de pouvoir, sous le masque de l'anonyme, tromper le peuple aussi bien que l'éclairer. « Dans sa conviction profonde, la liberté de la presse est une conséquence inévitable de la liberté de discussion et le prix onéreux dont il faut payer cette liberté, qu'on ne saurait assez estimer et bénir. » Les *meetings* populaires, qui correspondent à notre droit de réunion, sont néces-

(1) Cité par Tocqueville, *l'Ancien régime et la Révolution*.

saires aussi à de certains moments et de droit public dans les pays libres, mais ils ne sont pas aux yeux de l'auteur sans inconvénients. Ses justes préférences sont pour l'institution du jury, qu'on ne saurait trop louer, car la société s'est fondée en grande partie pour jouir de la bonne distribution de la justice, et c'est précisément l'objet pour lequel l'homme consent à abdiquer une partie de sa liberté naturelle et à accepter les entraves d'un gouvernement régulier. En effet, une des grandes conquêtes modernes, dont la théorie et l'exemple nous viennent du moyen âge, fut l'institution du jury, c'est-à-dire la garantie pour tout citoyen d'être jugé par ses pairs et d'echapper ainsi à toutes les commissions ou tribunaux d'exception, tels que la chambre étoilée ou le tribunal révolutionnaire. Quant aux magistrats, bien qu'ils soient nommés par le roi, les plus minutieuses précautions sont prises pour qu'ils restent indépendants. Les juges sont à tout jamais inamovibles, si ce n'est devant une double adresse des deux chambres appuyée de l'adhésion du roi, ce qui donne à la révocation le caractère d'une loi, puisque le concours des trois pouvoirs suprêmes de l'État est exigé pour la rendre valable. Le juge est néanmoins toujours sous le coup de la poursuite judiciaire de toute personne injustement arrêtée; quand même il n'aurait suspendu, ne fût-ce que pendant une heure, le droit protecteur de l'*habeas corpus,* cette grande garantie de la sûreté personnelle, il serait menacé pour ce fait de la pénalité la plus sévère.

Une autre branche de la justice en Angleterre est représentée par les juges de paix, qui sont presque tous de grands propriétaires dans les provinces, et ne reçoivent aucun salaire. C'est une grande économie pour l'État, et « en outre, dit lord Brougham, c'est un grand avantage pour les masses que de voir les pouvoirs de la magistrature confiés aux mains des plus considérables habitants du pays ; la nation elle-même fait ainsi partie du système judiciaire, et les hautes classes répandent dans le peuple un respect habituel pour la loi. »

L'institution de la pairie héréditaire, qui siége à la chambre des lords, est le point fixe qui aurait assuré jusqu'ici la durée et la puissance de la constitution anglaise. La pairie tire son origine des antiques réunions des grands barons et des évêques, qui formèrent peu à peu le parlement, d'abord à eux seuls, ensuite avec le concours des simples chevaliers, puis des représentants des villes et de la bourgeoisie, et furent enfin séparés en deux chambres à une époque non exactement déterminée. Les lords qui forment aujourd'hui la partie supérieure et inamovible de la législature, se représentent non-seulement eux-mêmes, mais représentent encore leurs puissantes familles et leur clientèle, ainsi que la grande propriété territoriale du pays. Les intérêts, les préjugés même de cette assemblée tendent à en faire un corps de conservateurs toujours prêt à peser de tout son poids dans la balance en faveur de la constitution existante, et à empêcher les conflits de devenir extrêmes entre le peuple et la couronne. Son *veto* applicable à chaque mesure qu'adoptent les communes, la considération que lui apportent ses fonctions judiciaires, sa supériorité habituelle sous le rapport de l'intelligence et de l'instruction qui lui permettent d'exceller dans la discussion, son calme dans les délibérations, son dédain des clameurs populaires, ses vues politiques sur les affaires intérieures et extérieures dignes de véritables hommes d'État, donnent à la chambre des lords une influence extraordinaire dans toutes les questions nationales. A ces avantages particuliers, éléments naturels d'une grande aristocratie, on doit ajouter la prépondérance et le pouvoir direct assurés par de vastes possessions et un rang illustre, qui ne sont contre-balancés que par la formation populaire de l'autre chambre et la ferme ténacité de celle-ci à maintenir certains priviléges.

Cette institution, l'arche sainte de la constitution britannique, a toujours conservé tous les respects de l'Angleterre, et a dû être respectée aussi par la royauté, à laquelle on n'a jamais permis de l'affaiblir ou de la dénaturer par l'introduction d'éléments nouveaux, même dans les moments de crise les plus difficiles. Ainsi la couronne a le droit de nommer des pairs, mais jamais elle n'a usé de ce droit que pour choisir des pairs nouveaux parmi des hommes sans postérité ou parmi des fils aînés de lords, qui, devant naturellement hériter du siége paternel à la chambre haute, n'augmentent le nombre des lords que jusqu'à la mort de quelques individus. Lord Brougham raconte que le plus grand danger auquel il ait échappé pendant tout le cours de sa vie publique, ce fut lorsqu'il était au ministère avec lord Grey, et que, sous la pression des circonstances les plus graves, il s'agissait d'enlever le vote du *reform bill* par une large création de nouveaux pairs réclamée unanimement du reste par l'opinion publique.

« Près de trente années, dit-il, ont passé sur ma tête depuis la crise de 1832; je parle de cette question politique, comme de toute autre, avec le plus grand calme.

« Lorsque j'allai à Windsor avec lord Grey, j'avais une liste de quatre-vingts pairs nouveaux conçue dans l'idée de faire le moins qu'il se pourrait d'additions permanentes à la chambre et à l'aristocratie. Les choix ne s'étaient portés que sur des fils aînés de lords, sur des hommes sans postérité, ou sur des pairs irlandais et écossais. J'avais un sentiment profond de la nécessité des circonstances particulières qui nous pressaient, et cependant telle était l'impression que me faisaient les terribles conséquences d'un pareil acte, que je me demande encore si je n'eusse pas alors préféré de beaucoup nous exposer à tous les hasards de la confusion qui eût suivi le rejet du bill, et j'ai lieu de croire que mon illustre collègue aurait partagé la résolution où j'étais de courir toutes les chances et d'affronter les clameurs du peuple plutôt que d'exposer la constitution aux dangers d'un renversement complet et imminent. »

Si la chambre des lords garde encore toute sa majesté et toute son influence modératrice, c'est dans la chambre des communes, qu'en pratique du moins, doivent se voter les impôts et se vérifier les dépenses ; c'est là que se concentre aujourd'hui presque tout le mouvement des affaires et que se forment et se dessinent les grands talents politiques et oratoires. Avec leurs attributions diverses et distinctes, la chambre des lords et celle des communes constituent le parlement, qui, dans son omnipotence et sa liberté, est à la fois la sauvegarde, la direction suprême et l'orgueil de l'Angleterre.

Par le choix des représentants de la nation, par le pouvoir qui est dans les mains des grands propriétaires du pays, par la continuelle discussion de toutes les questions intérieures ou extérieures au parlement, la publicité complète de ces discussions, les classes élevées et les classes moyennes de la nation ont une influence réelle sur la direction des affaires, un contrôle effectif sur les gouvernants, et pèsent d'un grand poids dans le choix des organes et des serviteurs de la puissance publique. Le dernier des citoyens anglais ne saurait être opprimé sans que l'acte injuste dont il serait victime fût connu de quiconque peut lire un journal et du parlement, qui est toujours prêt, en dehors même de la marche régulière des affaires, à recevoir les pétitions du peuple et les plaintes des individus. La constitution exige avant tout que, pour chacun des actes de la couronne ou du ministère, il y ait un conseiller et un agent responsables, de sorte que, depuis le premier ministre jusqu'au dernier des fonctionnairés, tous soient exposés à être poursuivis devant les tribunaux ou les chambres pour tout acte inconstitutionnel ou coupable.

Les parlements ont gouverné l'Angleterre avec une grandeur et une énergie que n'a surpassées nulle part ailleurs aucune autre forme de pouvoir.

« N'a-t-on pas vu (nous laissons parler lord Brougham) les immenses armées de terre et de mer que mit sur pied à différentes époques notre population peu nombreuse ? Que l'on compte nos établissements si multipliés et si divers sur les points les plus reculés du globe ; qu'on suppute les centaines de millions qui ont été levées sur la nation pendant les cent cinquante dernières années, presque sans aucune opposition, et qu'on avoue alors que, pour fonder un gouvernement fort, il n'y a rien de tel qu'une constitution populaire, et qu'aucun despote, quelque absolu qu'il soit, n'a jamais eu dans sa main une machine à imposition qui vaille un parlement.

« Qu'on ne prétende pas que le peuple américain pourrait aussi bien que nous faire appel aux ressources du pays, car je doute fort que les représentants ou le président des Etats-Unis, après l'expiration des trois premières années de leur pouvoir, aient assez d'influence et d'autorité pour faire peser sur le pays, comme notre parlement l'a fait si souvent, de lourdes taxes de consommation, et surtout l'écrasant impôt sur le revenu. Je suis convaincu qu'en cas de guerre le fardeau de charges aussi accablantes amènerait rapidement la fin des hostilités sans que le pays se montrât bien difficile sur les conditions de la paix. Le peuple anglais au contraire est ainsi fait, qu'une fois la guerre engagée, la fermeté du ministère et des lords suffit pour arrêter tout désir inopportun de conclure une paix qui pourrait compromettre l'Etat, ou marquer d'une flétrissure l'honneur national. »

Un avenir prochain nous apprendra sans doute ce que vaut l'affirmation sur l'Amérique du noble auteur, qui dissimule mal la vieille rancune de famille qui subsiste encore entre la métropole et les anciennes colonies émancipées. Ce pays a déjà trompé bien des appréciations et des prédictions politiques. La supériorité des institutions anglaises sur celles des Etats-Unis, d'après lord Brougham, tient à la vigueur et à l'unité que la couronne donne à l'ensemble de la constitution; elle en a fait un instrument de règne et d'administration complet et suffisant.

Le couronnement de tout l'édifice politique et social est donc la royauté, qui représente le pouvoir exécutif; mais ce couronnement est-il une force ou un ornement de la constitution? Comment les Anglais se sont-ils tirés de la grande difficulté des gouvernements représentatifs, c'est-à-dire des conflits difficiles à éviter entre le gouvernement personnel du roi et celui des chambres? Lord Brougham ne répond guère à ces questions importantes. Le roi représente le pouvoir exécutif; mais ce pouvoir est en réalité aux mains des ministres, que le roi a la sagesse de choisir avant qu'on les lui impose, mais qui, en revanche, se font un point d'honneur de respecter et de couvrir toujours la majesté royale, quels que soient les rivalités, les dissentiments et les haines personnelles ou politiques, qu'ils ont soin de cacher dans leurs triomphes comme dans leurs défaites. Dirons-nous, comme dans ses *Mémoires* je ne sais plus quel bourgeois de Paris du dix-huitième siècle, à qui un Anglais cherchait à faire comprendre la constitution et la monarchie anglaises : « Ah bien ! je plains vos princes ! » Non certes ; mais enfin si les Anglais étaient bien francs et très sincères, ils avoueraient peut-être qu'au fond le véritable esprit et la perfection dernière de la constitution anglaise seraient que tous les rois fussent des reines, non à la façon de la reine Élisabeth, mais représentant aussi bien que celle qui règne aujourd'hui la majesté, la vertu et la modération couronnées, ainsi que l'amour dévoué à la prospérité, à la grandeur et aux libertés de l'empire britannique ; car au sommet de leur système politique les Anglais ne veulent qu'un trône occupé : le spectacle d'un trône vacant leur paraît dangereux et redoutable pour la tranquillité d'un pays.

Sans doute le roi dans le gouvernement anglais n'est pas toujours « réduit à l'état de zéro ou d'objet de parade, et il a encore assez d'influence pour faire sentir le poids de ses opinions et de ses préférences dans tous les actes de l'État; » mais d'importantes restrictions, indiquées par lord Brougham lui-même, réduisent notablement l'influence de la couronne. Cependant, si telle qu'elle est, cette constitution fonctionne merveilleusement dans les temps ordinaires, ses admirateurs la vantent comme non moins bien appropriée aux circonstances extraordinaires, car elle se prête aux nécessités des temps, et parfois elle a permis que l'exercice des droits les plus importants ait été partiellement ou totalement suspendu. Ainsi, pendant toute la durée de la guerre qui finit à la paix d'Amiens, on interdit les *meetings* publics; on les interdit encore pendant quelques mois en 1820. L'opportunité de cette interdiction fut contestée, mais la légalité, le principe, jamais. La même remarque s'applique à la suspension bien autrement grave de l'acte de l'*habeas corpus*. Plusieurs fois, sous le règne de Guillaume III, ainsi que pendant ceux de George Ier et de George III, le gouvernement dut être investi du droit exceptionnel d'arrêter et d'emprisonner sans jugement, sous la garantie toutefois d'un bill d'indemnité, les personnes soupçonnées de projets de sédition ou de trahison. L'*alien act* (loi sur les étrangers et les réfugiés établis en Angleterre fut aussi suspendu pendant les guerres, et des restrictions furent également apportées plusieurs fois à la liberté de la presse depuis 1688.

Il est sans exemple toutefois qu'aucune entrave ait

été jamais imposée aux droits et aux priviléges du parlement. C'est là pour les Anglais le point sacré de la constitution, et à partir de 1688 aucune main n'a osé y porter atteinte.

Du reste, si la constitution anglaise est bonne, elle n'est ni absolument parfaite ni achevée, et l'on y pourrait trouver sans peine quelques contradictions. A côté de chacune de ses meilleures institutions, il y a comme un point faible ou un défaut soit apparent, soit caché. Ainsi le principe de la liberté et de l'indépendance de l'individu repousse la conscription et le service militaire forcé ; mais la presse maritime est là dans toute son injustice, et l'on ne sait comment y remédier en temps de guerre. La magistrature est indépendante et éclairée, et la justice égale pour tous ; cependant « les regrettables dépenses et les complications qui entravent encore la procédure ne permettent pas aux citoyens pauvres de jouir des bienfaits du système judiciaire. »

Comme cour de justice suprême, « si la totalité du corps des pairs exerçait le pouvoir judiciaire, ainsi qu'il le pourrait faire d'après la lettre de la constitution, de grands abus deviendraient inévitables, et une oppression sans limites en pourrait être la conséquence ; mais dans la pratique toutes les affaires juridiques sont abandonnées à cinq ou six pairs, légistes de profession. » Une autre anomalie curieuse est la combinaison par laquelle le lord chancelier, pour juger une cause, est assisté de deux pairs non magistrats qui changent à chaque séance, de sorte qu'au jour où est prononcé le jugement, sur trois lords il y en a deux qui n'ont rien entendu des débats.

Tous les conflits d'attributions de pouvoir entre les deux chambres ne sont pas encore terminés et résolus par une règle fixe. A côté de la belle application du principe de l'élection des représentants du pays se dresse le vice invétéré de la corruption électorale. Tous les grands intérêts du pays doivent être représentés, et pourtant, comme la propriété foncière donne seule le droit de voter, la plus grande masse de la propriété mobilière, c'est-à-dire les 800 millions sterling des prêteurs de la dette publique ne sont pas représentés (1). Pour être nommé aux chambres, il faut, si l'on n'est pas fils aîné de pair, 15,000 francs de rente en terre pour représenter un comté, 7,500 francs pour représenter un bourg. Un Anglais pourrait posséder un million sterling à la banque ou dans le commerce sans avoir le droit de représenter une ville commerçante, s'il ne possédait pas en outre 7,500 francs de rente en terre. Cette loi, il est inutile de le dire, est toujours éludée par des transferts temporaires de propriété.

Une étude approfondie de l'Angleterre ferait découvrir encore sans doute d'autres lacunes et d'autres contradictions, mais on a pu voir déjà comment en Angleterre la raison publique est assez haute pour se résigner

(1) Lord Brougham, p. 68, 74, trad. 20-22.

à des imperfections et à des contradictions même choquantes, et comment aussi la vitalité de la nation est assez puissante pour la faire prospérer glorieusement malgré des plaies connues ou cachées, qu'on cherche paisiblement à guérir à chaque occasion favorable. Pour nous, en France, si nous ne possédons pas les institutions de l'Angleterre, adoptons au moins ses vertus morales et politiques, ainsi que ses maximes de conduite. Nous avons largement usé du droit de résistance : n'essaierons-nous pas un jour de l'efficacité de la science des compromis? Si nous savions être bientôt assez tenaces et assez sages, nous saurions bientôt aussi être suffisamment libres avec toutes les combinaisons politiques. La liberté a toujours été pour nous une ivresse suivie d'un prompt assoupissement; saurons-nous au réveil demeurer sobres et travailler avec obstination et sans éclat sur nous-mêmes d'abord, et sur les petites choses à défaut des grandes? La victoire reste toujours aux entêtés plutôt qu'aux téméraires. Apprenons, comme les Anglais, à nous défaire du fâcheux sentiment de l'envie et à être fiers et heureux de voir, parmi nos égaux, la fortune qui prospère et le talent qui réussit; sachons surmonter la contrariété bien naturelle de voir des supériorités fermement établies : c'est un sacrifice à faire, mais qui ne sera peut-être pas sans profit; surtout ne rêvons pas quelque forme subite de gouvernement parfait et sans défaut, qui assure à chacun un bonheur facile et chimérique. Comme disent encore les Anglais, « la vie est une bataille; sachons y prendre notre rang, et pour tout privilége ne demandons que des armes égales. A-t-on, au reste, le droit de se plaindre de l'omnipotence croissante de l'État, quand, grands et petits, nous tendons tous vers lui des mains suppliantes comme vers une idole dont nous attendons tous les biens et tous les maux? L'État c'est nous, si nous voulons, mais nous tous, et non pas quelques-uns alternativement, ainsi qu'il est arrivé plusieurs fois depuis quatre-vingts ans. L'Etat, tel que nous l'avons laissé se former, c'est comme la vieille tour féodale des villes du moyen âge, le donjon inexpugnable dont chacun successivement parvient à s'emparer par surprise, et d'où, à l'abri des créneaux, des fossés, des contrescarpes et autres circonvallations administratives, on prétend rudement dominer les petits bourgeois et les manants qui tremblent à l'entour. Chaque parti proclame que pour être libre il lui faut la clef du donjon ; mais quand il est entré par aventure, nous savons comme il ferme la porte derrière lui, et comment il impose la liberté à sa façon. Toutefois il faudrait se garder de jeter la vieille tour par terre ou d'y mettre le feu : de tels essais nous ont déjà porté malheur et les Anglais s'y sont mieux pris pour arriver au point de liberté politique qu'ils ont atteint aujourd'hui.

II

L'ouvrage de lord Brougham nous montre comment marche la constitution anglaise ; il n'explique pas assez peut-être ni pourquoi elle marche, ni où se trouve cette force vive qui donne l'essor au système entier. Ce livre a été fait pour les Anglais, qui tous sans doute savent ou sentent d'où vient la vitalité puissante de leur système politique. Pour nous, il en est autrement : nous avons de nombreux et habiles écrivains qui ont décrit les proportions grandioses et la solidité de l'édifice de la constitution anglaise ; mais il en est peu qui aient ouvert une tranchée profonde au pied du monument, pour sonder le terrain et pour voir sur quel sol primitif est posée la première assise qui supporte cette admirable et puissante construction. Il nous manque un livre qui mette en lumière, par des leçons à la portée de tous, les théories comme les applications pratiques de la constitution anglaise. Serait-il trop difficile à faire accepter s'il était vrai et sincère, trop facile à réfuter s'il ne l'était pas, et le parallèle et les conclusions où l'on serait nécessairement amené seraient-ils trop humiliants pour notre orgueil national ? Quoi qu'il en soit, un plus utile sujet d'étude ne saurait être offert à la génération actuelle, et ce serait lui rendre un signalé service que de résumer les excellents travaux historiques déjà faits, en y ajoutant des notions plus complètes dans la forme lucide et familière qui convient à notre pays. On voudrait croire qu'il se rencontrera un talent élevé et mûri par l'expérience pour nous prémunir contre les erreurs et les illusions du passé, et nous montrer, par l'exemple de l'Angleterre, où manquait la base fixe et solide qui eût dû soutenir et faire réussir nos précédents essais de libre gouvernement. Montesquieu, qui passa deux années en Angleterre avant d'écrire son immortel ouvrage de *l'Esprit des lois*, n'a point laissé sur ce sujet l'un de ces chapitres lumineux et concis par lesquels il sait faire pénétrer une clarté soudaine et si vive dans les ténèbres historiques des constitutions des peuples. Voltaire lui-même, après trois années de séjour en Angleterre, où il étudia la philosophie, la politique et la littérature, ne paraît pas non plus avoir pénétré bien avant dans la connaissance des principes fondamentaux des institutions de ce pays, qu'il fit profession d'admirer, témoin ces vers connus de *la Henriade*, mais peu exacts dans leur précision exagérée :

Aux murs de Westminster, on voit paraître ensemble
Trois pouvoirs étonnés du nœud qui les rassemble,
Les députés du peuple, et les grands, et le roi,
Divisés d'intérêts, réunis par la loi.

Dans les libres institutions dont l'Angleterre de George II lui offrait le spectacle, Voltaire semble n'avoir pas su ou voulu démêler la réalité de l'apparence ; car « les députés du peuple » et les « trois pouvoirs étonnés » n'ont jamais eu une égalité de puissance ni des rapports aussi nets qu'il le prétend. En dépit des progrès que les études sur la constitution intérieure des États ont faits chez nous depuis Voltaire, voilà plus d'un siècle bientôt que le fond de notre science politique sur l'Angleterre se résume à peu près dans les vers de *la Henriade*. Il était pourtant facile de découvrir que, depuis 1688 surtout, aucun pays n'a marché d'un pas plus ferme et plus sûr vers l'unité de gouvernement établie en dehors du peuple et de la royauté. Guillaume III, une fois affermi sur le trône, sentit si bien la vanité de ses efforts pour résister à ce mouvement, qu'il concentra toutes les forces de son pouvoir personnel vers la guerre et les affaires diplomatiques, laissant en grande partie la gestion des affaires intérieures à ceux qui l'avaient appelé au trône, c'est-à-dire à l'aristocratie, qui avait chassé les Stuarts pour diriger à son gré et sans l'intervention du pouvoir royal presque tous les intérêts du pays. C'était au reste la perpétuelle tendance à laquelle avaient voulu imprudemment s'opposer, comme les rois du continent, l'infortuné Charles Ier et ses malheureux successeurs, qui rougissaient d'être si fort en retard, en fait d'absolutisme et de centralisation, sur tous les monarques de l'Europe. La royauté nouvelle et la classe prépondérante s'étaient comprises, elles ont continué de se comprendre jusqu'à nos jours, et l'Angleterre a marché et prospéré sous la direction et le pouvoir d'une des plus grandes unités de gouvernement qui aient jamais figuré dans l'histoire.

En effet, en prenant toute la hiérarchie des fonctions et des influences politiques ou administratives en Angleterre, depuis la base de la société jusqu'au sommet, nous rencontrons toujours à chaque degré la même et unique origine de l'autorité, c'est-à-dire la richesse, représentée d'abord exclusivement par les possessions territoriales, ensuite par la propriété industrielle ou commerciale, qui plus tard fut admise au partage de l'influence. Il s'éleva parfois des rivalités violentes entre les représentants de ces deux formes de la richesse, mais toujours la terre et l'argent furent l'origine de la puissance. Ce fait peut facilement se reconnaître dès les débuts de l'établissement des Normands.

Fille directe et légitime de la féodalité, l'Angleterre a su, par je ne sais quelle sagesse ou quelle fortune, sans avoir recours aux traditions du droit romain, sortir sans trouble et sans bruit des embarras du servage, des droits féodaux, des complications des terres nobles et non nobles, de toutes ces difficultés inextricables léguées à nos pères par le moyen âge, et pour la solution desquelles la France faillit périr après 89. Pourtant, chez les auteurs les plus connus, on ne saurait où trouver sur cet immense, mais pacifique changement, une étude historique complète. Le servage des vilains, organisé dès la conquête de Guillaume plus strictement peut-être qu'ailleurs, paraît avoir duré plus longtemps qu'on ne pense généralement, car lord Brougham raconte qu'à la suite de l'insurrection du peuple conduite par Wat-Tyler, le roi accorda une charte d'émancipation des serfs, et que cette charte fut révoquée bientôt par la noblesse (de 1379 à 1386). Comment donc s'opéra cette transformation du servage qui existait encore à la fin du quatorzième siècle?

A défaut de documents détaillés et certains, ne serait-il pas permis d'affirmer que la solution anglaise de la plus grande des difficultés du moyen âge fut vraisemblablement celle-ci : les seigneurs et les lords, déjà puissants, prirent en toute propriété, par toute sorte de moyens, les terres qui les entouraient, et n'en aliénèrent jamais aucune fraction. Se trouvant alors maîtres absolus du sol, ils changeaient, renvoyaient ou conservaient leurs serfs ou leurs vassaux, devenus de simples locataires. Ces derniers n'avaient plus aucun de ces droits dont jouissaient, moyennant dîme ou rente inaliénable, les paysans et les censitaires de France, c'est-à-dire ceux de cultiver une terre ou d'habiter une maison appartenant au seigneur, mais d'où ils ne pouvaient être renvoyés : sorte de propriété double et partagée, du fonds pour l'un, pour l'autre la jouissance. Cette organisation était la source de difficultés infinies, et de plus les droits féodaux qui se payaient au seigneur étaient souvent plus vexatoires que lucratifs. Plus chevaleresque assurément que la noblesse anglaise, celle de France aliénait de mille façons ses prés, ses bois, ses moulins, pour aider Charles VII, pour secourir Henri IV ou pour amener une compagnie à Louis XIV vaincu, et mériter ainsi la croix de Saint-Louis. Elle ne se releva jamais de la gêne et de la pauvreté où la jeta son dévouement pendant de longues guerres intestines et étrangères; si elle eut la gloire de soutenir et de sauver parfois la monarchie, moins prévoyante que fidèle, dénuée du sens politique profond de nos voisins, elle alla toujours en s'appauvrissant, et ne put ni ne sut se tirer des difficultés matérielles et morales inhérentes aux institutions vieillies du moyen âge en renonçant à mille droits et redevances bizarres, dernières ressources de sa pauvreté, et dont le règlement ou l'abandon n'eût été qu'un jeu pour une aristocratie riche et puissante. En Angleterre, les seigneurs ayant tout pris ou racheté, il n'y avait plus aucun droit réciproque entre eux et les paysans, et le problème social du passage de la propriété féodale à la propriété moderne se trouva peu à peu résolu sans avoir été posé.

Malgré des intervalles de ruine et d'abaissement temporaire, l'aristocratie anglaise ne cessa d'aller toujours en s'enrichissant. D'abord l'*enclosure-act* de Henri III donna les biens communaux à ceux qui les feraient enclore et cultiver, c'est-à-dire aux riches, qui seuls purent faire les frais d'une telle opération ; les édits de Henri VII ne les favorisèrent pas moins; puis vint enfin cette immense spoliation des biens de l'Eglise et le partage qui s'en fit entre les grands propriétaires après la réforme commencée sous Henri VIII. Les confiscations qu'amenèrent les guerres civiles de l'Angleterre contribuèrent encore à concentrer la propriété dans les mêmes mains, car, loin de consacrer les propriétés confisquées à récompenser le dévouement de serviteurs pauvres, ou d'aventuriers heureux, la royauté ne s'en servait presque toujours que pour acheter l'adhésion de riches seigneurs dont l'influence était à redouter. Il y aurait d'ailleurs, dans l'histoire de l'aristocratie anglaise, une distinction à faire. Les hauts barons, comparables en quelques points à nos grands feudataires, disposèrent plusieurs fois, à la tête de véritables armées, de l'Etat et de la couronne ; mais les rois les anéantirent, et les premiers rangs de la noblesse féodale une fois abattus, ce fut la seconde ligne de l'aristocratie qui recommença la lutte, et qui, après beaucoup de vicissitudes, étant parvenue à la puissance, laissa pour héritiers les grands propriétaires de nos jours. En France, ce fut le roi ou plutôt l'Etat qui hérita des grands feudataires, aussi bien que du reste de la noblesse féodale, au moyen d'une étroite alliance entre la monarchie et le peuple, tandis que chez nos voisins ce fut l'aristocratie qui s'allia avec le peuple pour dominer la royauté.

Nulle part mieux qu'en Angleterre l'histoire de la propriété ne sert à éclairer l'histoire politique. On y voit, à mesure que la propriété s'y concentre, le pouvoir aussi, par une conséquence naturelle, devenir l'apanage exclusif de ceux qui possèdent le sol et la richesse. Cette agglomération est arrivée aujourd'hui à un tel point qu'une réaction se prépare contre elle, et que, par l'excès même de ses préjugés, la grande propriété doit craindre l'avénement d'un ordre nouveau, dans le cas où les élections descendraient encore d'un ou deux degrés, et permettraient à la protestation des mécontents de se faire jour. Chez nous, les mutations de la propriété ont pris un autre cours, et pour exprimer d'un seul mot la différence des deux pays, ne pourrait-on pas dire qu'en Angleterre ce sont les riches qui possèdent à peu près la totalité du sol, et qu'en France ce sont les pauvres ? Cet état de choses en Angleterre date du jour où, après la conquête de Guillaume, les biens des vaincus furent partagés entre ses compagnons d'armes avec une régularité légale sans exemple dans aucune autre conquête : spoliation consignée dans le *Doomsday-book,* qui encore actuellement est le point de départ de presque tous les titres de propriété.

Si la France rurale, partagée aujourd'hui entre cinq ou six millions de propriétaires, souffre dans quelques provinces d'une excessive division de la propriété, les grandes possessions territoriales en Angleterre, au contraire, sont réunies à ce point que « le tiers de la propriété rurale et de son revenu total se trouve concentré dans les mains de deux mille possesseurs (1). » Viennent ensuite les terres moyennes de la *gentry*, qui passeraient chez nous pour de la grande propriété, puis enfin quelques rares terrains constituant la petite propriété, et le tout ne représente qu'un ensemble total de deux cent cinquante mille propriétaires fonciers (2). Le *yeoman* et le paysan petit propriétaire ont presque absolument disparu. La population des campagnes, dont la plus grande partie a reflué vers les villes manufacturières, ne se compose plus que des ouvriers ruraux à gages, des grands fermiers et des petits tenanciers, lesquels n'ont souvent que des baux annuels. Les uns comme les autres sont à la merci des propriétaires, qui peuvent les changer ou les expulser à leur gré, et l'ont souvent fait, lorsque, par exemple, ils ont voulu convertir en vastes pâturages de maigres terrains mal cultivés, opération souvent pratiquée de nos jours avec une violence qui va parfois jusqu'à mettre le feu aux chaumières des récalcitrants. C'est dans cette propriété territoriale si fortement constituée, où le lord, possédant le sol et les maisons, est par le fait maître absolu de tout ce qui pose le pied sur sa terre, que paraît résider le vrai principe du pouvoir et du gouvernement. Partagée depuis peu, bien qu'inégalement encore, avec

(1) M. Léonce de Lavergne, *Économie rurale de l'Angleterre*, p. 104.

(2) M. Disraéli, cité par M. Léonce de Lavergne, *ibid.*, p. 101. — Lord Brougham dit deux cent mille propriétaires, p. 388.

le commerce et l'industrie, la prépondérance politique est l'objet d'une sorte de guerre intestine entre la richesse territoriale et la richesse commerciale ; mais dès qu'une mesure ou un événement menace de faire sortir le pouvoir de leurs mains, soit au profit des classes non riches, soit au profit de la centralisation de l'Etat, on voit se réunir et combattre intimement serrés les deux partis qui semblaient ennemis. La réforme de la loi des céréales a été un épisode éclatant de cette lutte, et moins encore une concession aux classes populaires qu'à l'intérêt commercial et manufacturier. Les concessions et les compromis sont faciles aux partis politiques qui ont au fond les mêmes intérêts.

A tous les échelons du pouvoir, du reste fort simplement constitué, se retrouve la richesse comme point de départ. « Le plus riche propriétaire d'un comté est d'ordinaire lord-lieutenant... Les plus riches après le lord-lieutenant sont juges de paix, c'est-à-dire les premiers et presque les seuls magistrats administratifs et judiciaires, les représentants de l'autorité publique. En France, les fonctionnaires, presque tous étrangers au département qu'ils administrent, ne tiennent par aucun lien aux intérêts locaux. En Angleterre ce sont les propriétaires eux-mêmes qui sont fonctionnaires dans leur pays, et quoique la couronne les nomme en apparence, ils sont fonctionnaires par ce seul fait qu'ils sont propriétaires. Il n'y a peut-être pas d'exemple qu'une commission de juge de paix ait été refusée à un propriétaire riche et considéré (1). Ces fonctions sont gratuites, de même que celles des shérifs qui ont plusieurs des attributions de nos préfets, et sont nommés annuellement par la couronne.

Tout le monde connaît les procédés électoraux des Anglais et le prix que coûte une élection à la chambre des communes. Si, dans les beaux temps, on en citait dont les frais approchaient de 1 million, aujourd'hui la dépense de 50 ou 100,000 francs suffit à maintenir les nominations des députés dans la classe la plus riche. La chambre des lords est formée, comme chacun sait, des chefs des familles puissantes, et la chambre des communes ne s'est composée, jusqu'en 1832, que de leurs cadets, ou des aînés de familles ou branches secondaires. Les ministres et les chefs d'administration sont nommés par les chambres ou choisis dans leur sein. Tous les grades de l'armée ne se peuvent obtenir qu'à prix d'argent, et coûtent, selon les régiments et les grades, depuis 40,000 fr. jusqu'à 300,000. Toutes les places lucratives en Angleterre ou aux colonies sont exclusivement réservées à l'immense clientèle des ministres ou des membres du parlement. L'administration, comme le gouvernement, est donc tout entière aux mêmes mains (2).

(1) M. Léonce de Lavergne, *Économie rurale de l'Angleterre*, p. 101.

(2) Qu'on ne croie pas d'ailleurs que l'Angleterre ait moins de fonctionnaires que nous ; elle en compte peut-être davantage et les paie plus richement, mais ils sont en grande partie employés au de-

Pour commencer un procès il faut déposer une somme si considérable, que les riches seuls peuvent en affronter la dépense. La caution judiciaire à prix d'argent est encore un privilége pour la fortune (1). Les grandes charges de l'Église et leurs beaux revenus sont pris par les fils de l'aristocratie, et dans beaucoup de cas la possession ou l'acquisition d'un domaine donne droit à la nomination d'un ou plusieurs vicaires et curés, et à la distribution de certains bénéfices.

hors. Il y a dans les Indes et les colonies anglaises bien des gouverneurs plus richement rétribués que le gouverneur de l'Algérie, beaucoup d'autres qui sont sur un pied presque équivalent, et un nombre infini de fonctionnaires ; mais cela fait moins de bruit que chez nous, parce que le gouvernement britannique, pour chacune des fonctions à remplir, n'appelle pas à son de trompe vingt concurrents pour renvoyer dix-neuf mécontents, et que du premier coup il choisit un titulaire. Louis XIV disait qu'à chaque faveur qu'il accordait il faisait un ingrat et dix mécontents ; de nos jours le gouvernement français pourrait presque en dire autant. Les concours et les examens sont une belle chose et ont leurs avantages, mais ils ont aussi un grand inconvénient : c'est de former dans la jeunesse une classe nombreuse et assez redoutable qu'on pourrait appeler la classe des refusés. Certes, parmi les candidats malheureux aux examens, beaucoup savent se créer d'honnêtes moyens d'existence et se rendre utiles au pays ; mais enfin un certain nombre des désappointés de chaque année devient une proie facile dont s'empare l'esprit de bouleversement. Lorsque vient à souffler le vent périodique de la révolution, les chefs de l'armée du désordre sont tout trouvés, et l'on s'étonne à tort de leur funeste capacité, car entre les hommes qui forment la masse des fonctionnaires désignés par les concours pour administrer et protéger la société, et la tête de l'armée de factieux qui la veut désorganiser, il n'y a pas une grande différence ; ils sortent des mêmes écoles, et la distance des talents n'est pas grande entre le numéro six investi par un succès d'examen de la mission de défendre la société, et le numéro sept refusé qui l'attaque.

(1) Voyez lord Brougham, p. 277.

L'alliance intime et absolue du pouvoir et de la richesse, et l'agglomération de cette richesse une fois reconnue, n'en faut-il pas conclure que la plus évidente unité est la base du gouvernement anglais, concentré héréditairement par le droit d'aînesse dans les mains de trente ou quarante mille familles, les plus riches du pays, qui, choisissant les premiers talents parmi elles, ou attirant les hommes nouveaux de grande valeur, leur confient le gouvernement, les soutiennent et les défendent avec une sagacité et une énergie traditionnelles qui s'expliquent facilement? car, pour cette aristocratie, toutes les affaires de l'État, grandes ou petites, sont presque des affaires de famille. C'est ce qui lui donne cette clairvoyance pratique qui ne se laisse surprendre ni par les entraînements de la logique, ni par ceux de cet esprit de généralisation, dont l'abus fut parfois si funeste parmi nous. Au reste, une des raisons qui font paraître cette aristocratie si habile, c'est qu'elle est assez solidement constituée pour pouvoir, en cas d'erreur, revenir sur ses pas ou pousser en avant et marcher toujours à la tête de ses propres concessions.

Dans l'histoire de la révolution de 1688 en Angleterre, lord Macaulay, à propos de l'acte de tolérance dont il loue l'habileté, l'opportunité, mais dont il expose les contradictions flagrantes, insiste en des pages remarquables sur le dédain des Anglais pour les idées abstraites et spéculatives en politique, dédain, ajoute-t-il, qui, depuis le roi Jean jusqu'à la reine Victoria, a successivement animé l'esprit de deux cent cinquante parlements, lesquels se sont guidés par la seule convenance et l'intérêt pressant du moment, sans aucun souci des inconséquences où ils sont tombés plus d'une fois. La force et l'habileté de ce gouvernement, exercé par la famille et par la propriété, n'ont guère laissé de place au développement de l'influence royale. Les rois ont pû avoir, selon leur valeur personnelle, une plus ou moins grande part dans les affaires, mais jamais une véritable prépondérance, et cette chimérique formule de la division égale des pouvoirs, qu'on a crue réalisée en Angleterre sous le manteau du gouvernement parlementaire ou représentatif, n'a jamais réellement existé. On pourrait dire que la chambre des lords, celle des communes, l'armée, l'administration et le clergé sont comme les cinq doigts de la main d'une aristocratie peu nombreuse, qui par la concentration héréditaire de toutes les richesses et de tous les pouvoirs, et par un sens profond de l'art de gouverner, a su, depuis deux cents ans surtout, maîtriser et dominer à la fois avec une inflexible énergie la royauté au-dessus d'elle et le peuple au-dessous.

Depuis 1831 et 1832, l'influence prépondérante a passé de la chambre des lords à celle des communes, dont la composition a été modifiée par l'entrée d'un grand nombre de représentants de l'intérêt commercial et manufacturier. A cet égard, un nouvel ordre de choses semble se préparer de loin ; mais l'ordre ancien n'en subsiste pas moins encore dans tout son ensemble, car parmi les hommes nouveaux qui ont pris place à la tête du pays, il en est bien peu qui ne jouissent pas d'un revenu suffisant pour constituer une complete indépendance de fortune.

La forteresse et la garantie connue de toute cette antique organisation, c'est le droit d'aînesse, sur lequel sont établies l'agglomération et l'assiette de la propriété, et qui a pour effet de ne placer jamais le privilége et l'autorité en dehors de la puissance substancielle que donnent la fortune et la possession du sol. Que l'on condamne ou que l'on défende le droit d'aînesse, parmi ses avantages il en est un dont on ne saurait contester les heureux résultats pour la Grande-Bretagne : c'est l'existence utile de ces innombrables cadets de bonne maison pour qui la noblesse et les titres sont annulés dès la première ou la deuxième génération. Ce sont les cadets de l'Angleterre qui lui ont conquis le monde en le fouillant et le parcourant en tous sens, pour y acquérir la richesse ou l'aisance, et qui ont assuré sa force intérieure en répandant dans la masse de la nation où ils vont se confondre cet esprit de respect et de dévouement pour l'ordre social et politique de leur pays, qui est chez eux si remarquable. Soutiens de cette aristocratie qui n'est point une caste, où l'on entre quand on est puissant ou célèbre, et d'où l'on sort bientôt quand on n'a pas pour soi le hasard de la primogéniture, ou le talent personnel, les cadets sont élevés dans les somptueux manoirs de leurs parents absolument avec les mêmes soins que leurs frères aînés, futurs propriétaires de l'héritage paternel, et partagent les sentiments aristocratiques et le sens profond des saines conditions du gouvernement et de l'ordre qui distinguent les classes supérieures de la nation. Ce sont les cadets qui s'en vont remplir toutes les places de l'administration, de l'armée, de la marine, des colonies, de la magistrature, ou parfois aussi du haut commerce, de la banque et des entreprises coloniales, avec les mêmes mœurs, le même esprit, la même distinction de manières ou le même orgueil que les chefs de famille restés à la tête du pays. C'est ce qui explique cette similitude de goûts, d'antipathies, cette unité dans la foi politique et sociale qui du sommet de la société anglaise descend d'échelons en échelons jusqu'aux couches inférieures.

La famille, fondée sur le droit d'aînesse, est constituée comme la société dont elle est l'abrégé et le modèle. Au même foyer, on voit s'élever en paix une génération de riches et de pauvres unis et solidaires malgré la différence de leur avenir : grave exemple de l'égalité de la naissance et des droits civiques accompagnée de l'inégalité de fortune; leçon éminemment utile aux peuples auxquels il est difficile de faire entendre que l'égalité des droits politiques et moraux n'entraîne pas comme conséquence l'égalité des biens et de la richesse. Cette inégale destinée des frères parmi les riches et les puissants entretient la résignation à l'inégalité parmi ceux qui ne possèdent pas, et l'on peut dès lors proclamer sans danger pour la paix publique la juste doctrine de la fraternité dans un pays où les frères eux-mêmes ne sont pas égaux.

On a souvent prétendu que cette puissante organisation anglaise s'ignorait elle-même, et l'un de nos premiers écrivains disait naguère, à propos de combinaisons ministérielles essayées en France par la Restauration : « En 1814, l'expérience ne nous avait rien appris encore sur ces graves sujets, et en Angleterre même on agissait bien plus par instinct que par réflexion. Le gouvernement libre (1) était une science dont la pratique existait en Angleterre et la théorie nulle part (2). » Qu'on nous permette de remarquer qu'il n'est guère probable pourtant qu'un des gouvernements du monde les plus habiles l'ait été sans le savoir et sans s'être posé des règles traditionnelles fixes et des principes raisonnés, quoique non développés dans une constitution. Sans compter les nombreux écrivains whigs et tories qui ont discuté une à une et

(1) Appliquée à l'Angleterre, cette locution communément usitée de *gouvernement libre* est-elle exacte ? Serait-ce un vain jeu de mots de dire qu'en Angleterre il n'y a que le gouvernement qui ne soit pas libre, et qu'en France il n'y a que le gouvernement qui le soit?

(2) M. Thiers, *Histoire du Consulat et de l'Empire*, t. XVIII, p. 117.

par occasion presque toutes les questions politiques et presque tous les faits historiques, selon les besoins de leur cause et de leur parti, la lecture des bons romans anglais du temps présent nous fournirait des notions intéressantes sur la connaissance du gouvernement intérieur, sur l'économie politique et sur la pratique des élections, qui dépasseraient peut-être en enseignements utiles ce qu'ont pu en répandre chez nous bien des livres plus sérieux. Mais s'il est facile d'exposer la situation de l'Angleterre, il l'est beaucoup moins d'expliquer par quel effort de raison une nation si jalouse de ses droits a consenti longtemps à se laisser gouverner par une minorité qui, tout en faisant si bien ses propres affaires, a su pourtant satisfaire aux intérêts comme aux préjugés du pays ; comment enfin cette nation, au prix de l'égalité et par amour de ses libres institutions, ne veut confier son gouvernement et la défense de ses droits qu'à ceux qui possèdent héréditairement la richesse et le pouvoir, ou à ceux qui savent s'y élever à force de talent, car, bien que la porte soit étroite, l'aristocratie est ouverte à tous, et c'est là son salut.

Cette organisation politique, à peu près unique dans l'histoire, du gouvernement d'un grand peuple par la richesse, a porté l'Angleterre à un haut degré de puissance et de prospérité continues, et aujourd'hui encore la population ne cesse de s'accroître dans ce pays malgré l'émigration, pendant que chez nous, où tout paraît combiné pour le bien-être et le développement des classes démocratiques, la population reste stationnaire ou diminue, quoique l'émigration soit presque nulle. Ne pourrait-on pas dire sans paradoxe qu'en réalité le gouvernement fut mixte en Angleterre tant qu'il y eut combat entre les diverses influences, sources directes du pouvoir, mais qu'il ne l'est plus aujourd'hui que la victoire semble être restée aux mains d'une seule fraction de la nation ? Après l'avénement de Guillaume III, les contestations des partis sur la constitution fondamentale cessèrent, et depuis ce temps-là le gouvernement a présenté dans son essence tous les caractères de l'unité, en conservant néanmoins dans sa forme la division extérieure des trois éléments qui ont figuré dans les luttes anciennes.

Il ne s'est plus agi réellement, depuis 1688 jusqu'en 1832, ni de pondération ni d'équilibre; tous les poids et toutes les forces ont été placés dans un seul des plateaux de la balance qui, touchant le sol d'un seul côté, donna au gouvernement britannique une fixité qu'empêchaient d'apercevoir clairement les changements successifs du pouvoir, passant tour à tour aux mains des deux fractions (wighs et tories) du grand parti de la richesse et de la propriété; ce que lord Brougham lui-même ne se refuserait peut-être pas absolument à admettre, lui qui reconnaît qu'avant 1832 « la constitution anglaise avait plutôt les caractères d'une monarchie aristocratique, que ceux de la triple combinaison dont lui faisaient honneur ses admirateurs. » En effet, une aristocratie riche fut prépondérante en Angleterre jusqu'en 1832, non parce qu'elle était aristocratie, mais parce qu'elle était riche. Dans ce pays, pour gouverner la fortune publique, il faut être actionnaire de cette fortune publique, et gros actionnaire. Il paraîtrait aussi absurde aux Anglais d'admettre les pauvres au gouvernement de la richesse publique qu'à nous Français de nommer administrateurs d'un chemin de fer les mécaniciens et les cantonniers. La question connue qu'on fait en Angleterre à propos de tout étranger ou de tout homme nouveau : « Combien vaut-il? (*how much is he worth?*) » et la réponse inévitable et concise : « Il vaut tant de mille livres de rente, » ou, dans le cas contraire, le terrible *nobody*, ce n'est personne, » cette question et cette réponse peignent toute l'Angleterre.

La royauté nomme à tous les emplois, mais d'après l'inévitable et absolue influence du parlement. Le roi déclare la paix ou la guerre, mais ne saurait un seul jour soutenir l'une ou l'autre sans la permission des chambres : il peut dissoudre un parlement, mais pour en faire nommer immédiatement un autre, et c'est toujours aux chambres que dans ce conflit reste la victoire. On a souvent vu imposer un ministère au roi par le parlement, mais jamais au parlement par le roi. La royauté en Angleterre est un énorme et indispensable blanc-seing en dehors duquel rien n'a de valeur, mais que se disputent et remplissent à leur gré les ha-

5.

biles parmi les plus riches et les plus puissants du pays.

Quant aux forces vives de l'Angleterre, à cette classe qui remplit toutes les fonctions petites ou grandes dans le gouvernement et les chambres, qui fait et subit tour à tour l'opinion du *Times* et du reste de la presse, qui fournit ces légions de touristes amateurs et politiques qui vont par le monde critiquant les gouvernements et méprisant les peuples étrangers, nous en pourrions trouver le dénombrement tout fait dans le passage du livre de lord Brougham (1) où il suppute les forces de résistance que la nation possède pour s'opposer à tous les changements subversifs. Les deux cent mille propriétaires fonciers, les six cent mille détenteurs de la rente et des effets publics, les grands commerçants et manufacturiers, dont l'auteur ne donne pas le nombre, mais qu'on pourrait peut-être porter à deux cent mille, voilà l'Angleterre ou plutôt la partie de l'Angleterre qui compose le gouvernement ou le soutient. Ajoutez à ce million de citoyens deux ou trois cent mille électeurs, pris dans les villes et les campagnes, et vous aurez complété le nombre d'un million deux cent trente-sept mille électeurs anglais que citait naguère encore M. Baroche (2), et qui gouverne tout le Royaume-Uni et ses vastes possessions. Le reste de la population est pauvre, sans être pour cela délaissée ; son travail et son indus-

(1) Pages 387, 388.

(2) Discours au Corps législatif en réponse à M. Jules Favre (*Moniteur* du 15 mars 1861).

trie sont habilement et efficacement protégés par des lois libérales ; mais aussi au moindre signe de trouble ou de révolte la ligue de la richesse et de la propriété se trouve inébranlable et décidée à tout. Miséricordieux et bienfaisants pour les classes nécessiteuses, dont les intérêts les préoccupent tant qu'elles sont résignées, tous les riches du pays courraient aux armes, si ces classes faisaient mine de se révolter, et l'Angleterre ne reculerait pas devant l'emploi des mesures les plus rigoureuses, si elles étaiont nécessaires pour faire rentrer les ouvriers et le peuple dans les voies des réclamations légales et régulières ; ces derniers le savent si bien que dans leurs grèves fréquentes, presque jamais ils n'osent se porter au-delà de certaines limites. Une crainte salutaire et non la seule modération, telle est la cause de leur sagesse comme la sauvegarde de la paix publique.

Le solide édifice de cette société paraît donc divisé en étages réguliers, et l'on pourrait dire que, sur les vingt-trois millions environ d'habitants qui peuplent les trois royaumes, un million d'Anglais est chargé ou se charge de posséder la fortune publique et de gouverner tout l'ensemble de l'empire britannique; les vingt-deux autres millions d'Anglais cherchant à s'enrichir se chargent de manufacturer et de vendre tout ce qui sert à vêtir, à armer, à outiller ou à médicamenter les cent cinquante millions de sujets britanniques de race étrangère répandus sur la surface du globe, qui à leur tour sont chargés, de gré ou de force, d'être les consommateurs des objets manufacturés par la métropole, ou parfois aussi de devenir producteurs de matières premières. C'est là sans doute la pyramide humaine à laquelle fait allusion et qu'admire lord Brougham. Nous admirerons avec lui la grandeur et la majesté de l'édifice, mais nous n'aurons garde de demander de quel poids il pèse sur les assises inférieures de sa large base. Quelles que soient les conséquences qu'on déduise des faits exposés dans le livre de lord Brougham, on ne saurait nier que la nation et le gouvernement anglais vivent et prospèrent, non par la division des pouvoirs, mais au fond par l'unité, premier principe de toute puissance, et par cette unité absolue, la plus matérielle et la plus palpable de toutes, celle de la richesse et de la propriété.

On ne saurait non plus disconvenir que la France est et a toujours été bien éloignée de réunir toutes les conditions du gouvernement anglais. Dès longtemps en Angleterre, chaque particulier a toujours défendu avec acharnement sa propre liberté dans sa personne, dans sa maison, dans ses droits ; chacun, sans grandes vues générales et comme d'instinct, a aidé et encouragé son voisin à faire de même, et sans qu'on eût promulgué de « déclaration des droits de l'homme, » la liberté est née, a su ne pas mourir, et a pu servir aux besoins de chaque jour. Chez les Anglais, la liberté était presque devenue pour la nation entière une affaire de ménage, quand elle n'était encore chez nous qu'à l'état de découverte philosophique.

Toutes les conditions que nous avons énumérées ou quelques-unes seulement sont-elles indispensables à la liberté ? Quels sont les éléments à notre portée qui peuvent remplacer les conditions qui nous manquent ? C'est l'enseignement que nous demandons aux esprits les plus éclairés. L'histoire d'Angleterre n'est certes ni à découvrir, ni à refaire ; mais il n'en est pas moins vrai que les notions de détail relatives à un gouvernement qui vit sans préfets et sans gendarmes ne sont point généralement répandues en France. Supposons un instant, par une fiction rétrospective, que, malgré d'essentielles différences géographiques et historiques entre les deux pays, la liberté en France ait pu, comme en Angleterre, recueillir l'héritage de la féodalité et profiter des conséquences naturelles des luttes du moyen âge, voici peut-être, pour n'envisager qu'un des côtés principaux de la société, quelle serait aujourd'hui chez nous l'assiette de la propriété et de l'influence politique.

Vers 1789, il n'y avait en France, d'après Lavoisier, que quatre-vingt-trois mille personnes nobles (1), qui

(1) Les ci-devant nobles formaient « environ le trois centième de la population, c'est-à-dire hommes, femmes et enfants compris, environ quatre-vingt-trois mille âmes. » — Tableau par aperçu des habitants de la France, avec distinction d'état et de profession, p. 27, 1 vol. in-12, ayant pour titre : *Résultats extraits d'un ouvrage intitulé : De la richesse territoriale du royaume de France*, etc.

ne devaient pas composer plus de quinze mille familles. On comptait aussi soixante-dix mille fiefs et arrière-fiefs (1) très inégalement groupés; les justices seigneuriales étaient au nombre de cinquante mille. Ce dernier chiffre peut servir de base à l'estimation approximative de celui des grandes ou moyennes possessions territoriales, dont la plupart eussent appartenu de nos jours à des familles ne faisant pas partie de l'ancienne noblesse, ce qui du reste existait déjà bien avant la Révolution, et occasionnait des plaintes et des difficultés infinies au sujet de droits et d'exemptions de toutes sortes, compliqués par la contradiction existante entre l'état des personnes et celui des terres qu'elles possédaient.

Si la propriété, tout en pouvant changer de main, avait conservé sa forme comme en Angleterre, il y aurait probablement en France aujourd'hui environ cinquante mille grandes ou moyennes propriétés rurales, à peu près cinq cents par département. Ces anciens fiefs et terres nobles, actuellement transformés, n'auraient plus d'autres privilèges que de payer la taxe des pauvres et d'entretenir les hospices et les écoles, tandis qu'en même temps seraient assurées aux aînés des fils des propriétaires les modestes fonctions de maires, de

(inachevé), remis en 1791 au comité de l'imposition par M. Lavoisier, député suppléant, etc.

(1) Expilly, *Dictionnaire géographique de la France*, 1764, au mot *France*, p. 364.

juges de paix ou de conseillers d'arrondissement, et à un petit nombre d'entre eux les honneurs de la représentation nationale à la chambre des députés ou un siége à la chambre des pairs. La petite propriété, mieux agglomérée, n'aurait pas à souffrir de la plaie que produit la subdivision parcellaire, et, changeant moins souvent de main, se serait groupée comme une libre clientèle autour de ses patrons naturels. Tout comme en Angleterre, de grandes fortunes territoriales ou commerciales se détruiraient par l'incurie ou l'extinction d'un certain nombre de familles ; d'autres se formeraient. De riches industriels ou commerçants de Rouen, de Mulhouse, du Havre, de Marseille, etc., ou bien des colons enrichis revenus des Indes, du Canada ou de l'Algérie, achèteraient les anciennes terres sans les diviser, ou en formeraient de nouvelles dans les contrées arriérées et stériles qui seraient rendues à la culture par d'intelligents et nombreux capitaux. Dans les comices agricoles, dans les conseils généraux, dans les chambres, les fortunes, ainsi que les illustrations anciennes ou nouvelles, siégeraient confondues, comme chez les Anglais ; la gloire et les travaux personnels des individus trouveraient d'amples récompenses, mais les services des aïeux ne seraient pas oubliés. Bien que le talent ne soit certes point un don héréditaire, les familles anciennes seraient dans le pays un élément précieux] d'ordre et de gouvernement. La naissance et la richesse, il est vrai, ne suffisent pas pour bien gouverner; mais le contraire ne suffit pas non plus.

Si nous avions réussi en 89, l'égalité se serait faite, non pas en abaissant tout ce qui était élevé, mais en relevant tout mérite véritable. Peut-être on eût appelé *gentilhomme*, comme on appelle en anglais *gentleman*, tout homme ayant reçu une éducation libérale et vivant honorablement de son intelligence ou de sa fortune. Sans rien effacer du passé, on eût, pour satisfaire les justes prétentions, trouvé de ces titres nobiliaires qui encore aujourd'hui plaisent tant à notre démocratie. Les héritiers des grandes positions sociales, appuyées sur de solides propriétés, auraient favorisé tous les progrès, et auraient pu prétendre à représenter réellement les intérêts du pays avec une complète indépendance et avec les lumières que donnent, en fait de conduite politique, les traditions de famille. Les diverses assemblées politiques du pays, par l'indépendance de situation d'une partie de leurs membres, eussent été un rempart contre les entraînements démagogiques et contre l'omnipotence de l'Etat; on aurait eu peu à redouter les excès de la centralisation et de la puissance bureaucratique. Dédaigneuse des faveurs du budget qu'elle vote, la représentation nationale aurait été gratuite. Les majorités se seraient déplacées et les ministères se seraient succédé sans trouble, après des combats animés et loyaux de tribune et d'élections qu'auraient livrés une gauche modérée et une droite éclairée. Bien que la presse eût été libre, on eût pu voir s'opérer des réformes efficaces sans révolutions, au lieu de révolutions sans réformes. On eût vu peut-être les souverains mourir sur leur trône; le pays, fortement uni et jouissant de grandes libertés municipales et provinciales, aurait pu se montrer satisfait de son gouvernement et de son administration.

Mais une semblable forme politique et sociale, ou quelque autre forme analogue, étant regardée comme possible dans notre pays, une question reste à poser : — Est-ce un tel ordre de choses que voulait la France en 89 ? Nous croyons que non. La France alors savait parfaitement bien ce qu'elle ne voulait pas, mais savait moins bien ce qu'elle voulait. Peut-on affirmer qu'il en soit autrement aujourd'hui ?

Quelle que puisse être la réponse à ces questions, on ne saurait se résigner à croire qu'il n'y a dans le monde qu'une seule et unique combinaison sociale qui permette à une nation de concourir librement et directement au gouvernement de ses affaires intérieures et extérieures. Si le privilége de se faire représenter réellement par des députés, de discuter et de voter l'impôt, si le droit de témoigner sa confiance dans le pouvoir ou de signaler efficacement la répulsion du pays pour quelque mesure de l'administration, étaient réservés aux seuls peuples qui auraient une organisation identique à celle de l'Angleterre, si l'égalité et la liberté, qu'on croyait sœurs, n'étaient pas faites pour marcher ensemble à la tête des nations modernes, il y aurait de quoi être saisi d'une profonde tristesse.

Assurément c'est une idée chimérique de vouloir faire de la France une copie servile de l'Angleterre ; mais il n'en faut pas moins chercher, sans se décourager jamais, sous quelle forme peut s'établir chez nous une liberté sage et durable. Les Anglais ont été quatre cents ans à trouver la forme définitive de leurs institutions actuelles. Nous sommes plus avancés que ne l'étaient les promoteurs de la grande charte du roi Jean, et chez nous, il faut l'espérer, on n'aura pas besoin pour réussir d'un laps de temps aussi considérable. A force de défaites, nous devons apprendre à triompher. L'examen du livre de lord Brougham montre une fois de plus que l'œuvre est difficile : on le sait de reste; mais qui osera dire qu'elle est impossible ? Dans tous les cas, elle ne saurait être abandonnée, car, indépendamment des convictions raisonnées, il y a comme une sorte de point d'honneur libéral et parlementaire qui survit toujours, malgré les malheurs et les nécessités des temps, dans bien des cœurs honnêtes et dévoués à notre pays.

Duc d'Ayen.

DU
SUFFRAGE UNIVERSEL

DU

SUFFRAGE UNIVERSEL

A PROPOS

D'UN LIVRE DE M. STUART MILL

Le public anglais s'est fort occupé, il y a quelque temps, d'un ouvrage de M. Stuart Mill sur *le gouvernement représentatif.* Dans cet ouvrage, qu'une traduction récente rend accessible aux lecteurs français (1), l'éminent publiciste a consacré au suffrage universel des pages que nous ne saurions trop méditer, même en les combattant sur quelques points. Aucune pensée hostile à cette grande institution n'anime M. Mill. De même, dans l'examen que nous voudrions faire de ses théories, et dans quelques aperçus que nous lui opposons, il n'entrera qu'un seul dessein, celui de rechercher comment l'institution dont M. Mill croit la pratique admissible en Angleterre pourrait se développer en France par ses meilleurs côtés. Loin de vouloir être

(1) *Le Gouvernement représentatif*, par M. Stuart Mill, traduit et précédé d'une introduction par M. Dupont-White, 1 vol. in-12; 1862.

compté parmi les détracteurs de cette forme nouvelle de l'intervention du peuple dans les affaires du pays, nous croyons au contraire qu'il serait difficile d'admettre les tendances restrictives du livre de M. Mill, qui nous donne pourtant plus d'un profitable enseignement.

Le suffrage universel, base de notre établissement politique d'aujourd'hui, a parfois irrité les uns et souvent aussi imposé rudement silence aux autres; mais il est évident pour tous que c'est en elle-même seulement que cette puissante forme électorale trouvera les moyens de réformer les excès ou les faiblesses inséparables de toute combinaison humaine. Éprouvé par une expérience de quinze années, espace de temps prédestiné après lequel les choses et les hommes semblent devoir prendre toujours chez nous une couleur ou une direction nouvelle, le suffrage universel a montré çà et là une tendance marquée à se modifier lui-même en se dégageant de l'uniformité confuse de sa création primitive. Approchant en quelque sorte de ce qu'on pourrait appeler une période de formation secondaire, la force électorale paraît chercher à démêler ses éléments divers, et révèle un penchant à se classer par groupes plutôt qu'à se laisser confondre par masses dans une aveugle et muette obéissance.

Chacun a présentes à la mémoire maintes circonstances solennelles où certaines parties de notre constitution ont été proclamées perfectibles, et où l'Angleterre nous a été désignée comme un modèle à imiter dans la recherche des améliorations raisonnables. N'est-ce pas faire acte de bon citoyen que d'obéir à de telles invitations, alors surtout qu'un éminent publiciste anglais voudrait nous faire un emprunt politique en proposant d'établir dans son pays le suffrage universel avec quelques modifications? Nul moment à coup sûr n'est plus favorable pour rechercher quelles lumières jettent sur un des graves problèmes de notre époque les théories qui se produisent en Angleterre et les applications assez nombreuses qu'on a vues se succéder en France.

Le livre de M. Mill est dans son ensemble une œuvre remarquable et capitale dont il est superflu de faire ressortir l'importance et l'utilité; mais c'est la question particulière du suffrage universel en France qui nous préoccupe avant tout aujourd'hui. Il nous est donc permis de ne pas trop insister sur l'application des idées de l'auteur à son pays, d'autant plus qu'il n'en est encore qu'à la conception philosophique d'un système. Il court sans entraves dans une région purement spéculative, tandis que nous marchons, non sans quelque labeur, sur un terrain positif, hérissé de difficultés anciennes et nouvelles; des douceurs de la théorie, nous avons passé aux amertumes de la pratique, et nous ne jouissons pas à l'aise, comme en Angleterre, du privilége d'appartenir à un pays où jusqu'ici l'on peut tout dire sans rien ébranler.

M. Mill pense que la perfection, l'idéal du gouvernement en général, c'est le gouvernement représentatif, et que la perfection du gouvernement représentatif, c'est le suffrage universel; mais il ne paraît pas être bien sûr que le gouvernement représentatif et libre puisse marcher aisément avec le suffrage universel tel qu'il est aujourd'hui pratiqué. En effet, on peut être universellement représenté sans que la représentation arrive à gouverner : où est alors le gouvernement représentatif? Aussi le savant publiciste propose-t-il plusieurs nouvelles combinaisons, dont le but est de trouver les moyens les plus complets de représenter dans les assemblées la totalité des citoyens, la minorité aussi bien que la majorité. Pour en arriver là, il recommande le système compliqué que proposait, il y a plusieurs années, un ingénieux économiste anglais, M. Hare; puis il exclut du vote soi-disant universel tous ceux qui ne savent pas lire, écrire et calculer (1), tous ceux qui ne paient pas d'impôts, et enfin quiconque a reçu depuis cinq ans quelque secours de l'assistance publique. En exigeant une série d'examens sur la cosmographie, l'histoire, l'arithmétique et la règle de trois, ce système restrictif établit une sorte de baccalauréat électoral qui donne aux plus habiles un droit de vote plural et gradué selon leurs mérites littéraires. Dans cette combinaison de vote progressif,

(1) Pages 197-201. — Pour les citations et les renvois, voyez la traduction française de M. Dupont-White.

l'électeur lettré, coté *ad valorem,* aurait pesonnellement plusieurs voix à faire valoir au scrutin, tandis que le suffrage unique serait réservé à ceux qui ne savent que lire, écrire et calculer, jusques et y compris la règle de trois.

Le vote plural n'est pas en Angleterre une complète nouveauté : on y est habitué de longue main pour l'administration des paroisses et de la taxe des pauvres ; mais ce mode de votation choquerait étrangement notre goût pour l'égalité. Sous quelque prétexte que ce fût, nous ne supporterions pas que notre voisin mît à lui seul dix bulletins dans l'urne électorale pendant que nous n'en déposerions qu'un. L'opinion en France a déjà été sondée à ce sujet, et ceux qui avaient timidement émis le vœu modeste que tous les électeurs fussent capables de lire et d'écrire le bulletin de vote par lequel ils disposent de leurs destinées et des nôtres ont été traités d'aristocrates et de rétrogrades. Qu'on craigne une aristocratie de l'alphabet, cela étonne un Anglais. — *For shame !* — dirait-il. C'est que, sur l'autre rive de la Manche, on a le raisonnement de l'égalité philosophique, mais non pas notre instinct français de l'égalité pure, sucé avec le lait. Le pauvre assisté et l'homme qui ne sait pas lire (1) font chez nous de très

(1) D'après les renseignements statistiques les plus dignes de foi, la proportion de conscrits français qui ne savent pas lire est de 30 pour 100. La proportion de personnes contractant mariage qui ont déclaré ne pas savoir signer est de 33 pour 100. — Voyez à ce sujet

belles majorités, et, comme ils ont pris une position politique assurément inexpugnable, il est bon peut-être qu'ils soient représentés, ne fût-ce que pour nous tenir au courant de leurs erreurs, de leurs menaces, de leur infériorité intellectuelle ou de leur supériorité numérique. L'électeur sans instruction, pris en masse, est un fondateur de gouvernement ou d'anarchie tout comme un autre; par suite de nos brusques vicissitudes politiques, l'ignorance a pris droit de cité parmi nous, et l'on doit compter avec elle, sinon s'incliner devant son pouvoir. L'on ne peut plus penser à établir que l'éducation universelle doive précéder le suffrage universel; le citoyen illettré qui ne peut recommencer son éducation n'a nulle envie de substituer à d'autres générations ses droits et ses espérances.

Le vote plural est trop en dehors de nos mœurs politiques françaises pour qu'il ne soit pas superflu d'insister davantage. Que le lecteur s'arrête de préférence sur le chapitre le plus nouveau et le plus intéressant du livre de M. Stuart Mill, celui qui est consacré à la défense des droits méconnus des minorités. On ne saurait trop louer en effet la recherche des moyens les meilleurs pour venir au secours des minorités, qui de nos jours subissent une dure revanche des abus de pouvoir qu'elles ont pu avoir à se reprocher en d'autres temps. « L'idée pure de la démocratie, c'est le gouvernement

l'intéressant ouvrage de M. Louis Reybaud sur le *Coton* et la *Statistique comparée* de M. Maurice Block.

de tout le peuple par tout le peuple également représenté (1). » Ce principe est aussi incontestable que hautement libéral; seulement le système (2) présenté par M. Mill et ses amis nous paraît difficilement praticable. On a souvent parlé de mécanisme en fait de gouvernement, mais c'est d'horlogerie politique, et de la plus fine, qu'il faudrait peut-être qualifier cette fois la combinaison électorale proposée.

Ingénieux et neuf en fait de suffrages et d'élections, le livre nous paraît devenir bien audacieux lorsqu'il défend sérieusement l'idée de faire voter les femmes, victimes de ce que l'auteur appelle « l'accident du sexe (3). » L'action qu'exerce la femme dans le domaine des questions morales et politiques ne se prête guère aux classifications nouvelles que l'on voudrait

(1) M. Mill, page 156.

(2) Les principaux traits du système peuvent se résumer ainsi : la quotité d'électeurs ayant droit à un représentant une fois déterminée, tout candidat serait élu qui réunirait une égale quotité de votes, bien qu'obtenus dans divers collèges électoraux. L'électeur qui ne voudrait pas du candidat local inscrirait sur son bulletin, par ordre de préférence, une liste d'autant de noms qu'il jugerait convenable, de telle façon que le vote de cet électeur fût imputé à celui des candidats pour lequel le nombre légal de voix ne serait pas dépassé, ce qui éviterait les votes inutilement perdus et permettrait aux minorités locales éparses dans tout le pays de se réunir pour le choix d'un représentant. (Stuart Mill, p. 65 et suiv.) — Il serait intéressant d'examiner combien de députés non recommandés officiellement eussent été nommés aux élections de 1863 par les minorités éparses dans notre pays et groupées d'après le système que propose M. Stuart Mill.

(3) Page 221.

établir. Pour ne parler que de la France, dans ce pays qui a connu ce qu'on nommait autrefois la bonne compagnie, à la cour comme à la ville, les femmes ne votaient pas, mais régnaient, et elles régnaient souvent sur des hommes d'élite. Le foyer de la famille et les salons étaient leur empire; que gagnerait-on à les en éloigner? Indulgentes ou sévères pour les entraînements du cœur, les femmes donnaient le spectacle de hautes vertus plus souvent encore que celui d'élégantes faiblesses. Tout n'était pas futile dans un monde où l'on songeait toujours à plaire, et maintes fois les défaillances de l'esprit ou du caractère étaient soutenues ou révélées par de délicates et généreuses influences. Le commerce des femmes, prisé jadis comme l'encouragement et le délassement utiles de la vie occupée, ne l'était pas moins comme apportant aux heures de loisir ou de retraite un charme et des consolations favorables au mouvement de l'esprit; car les Françaises ont excellé dans l'art de la conversation, et dans les entretiens qu'elles présidaient s'ébauchait souvent la discussion des plus graves intérêts. Il y avait alors des réunions variées où régnait beaucoup d'indépendance de langage avec une grande égalité. Quel que fût le nom ou la fortune, on n'y était apprécié et choyé qu'en proportion de la distinction et de l'agrément personnels, par une forme de suffrage universel qui n'était pas plus exempte qu'une autre, il faut bien le dire, d'engouements et d'erreurs. C'était une sorte de république de l'élégance, du talent, de l'esprit ou de la beauté, république des gens comme il faut, qui s'était maintenue jusqu'après la restauration. Du reste, même en laissant de côté l'hypothèse de l'introduction officielle des femmes dans la vie politique, il peut sembler douteux qu'on parvienne à établir prochainement en Angleterre le système du suffrage universel sans un entier bouleversement.

Quant à notre pays, est-ce par politesse que M. Mill s'occupe beaucoup du suffrage universel de l'Amérique et peu de celui de la France? Trouverait-il que nous n'avons pas réalisé « l'idéal du gouvernement représentatif, dont la perfection, selon lui, est le suffrage universel? » Quel que soit à ce sujet l'avis de M. Mill, il ne nous semble guère croyable que cette grande institution n'enfante pas à la longue quelque liberté dans tous les pays qui sauront la comprendre et la pratiquer. Comment faut-il comprendre et pratiquer le suffrage universel? Telle est la question que soulève le publiciste anglais, et ce qui le frappe comme tous les esprits sérieux dans l'exercice du suffrage universel, c'est l'amalgame de tous les éléments sociaux d'un pays, tous excellents, mais confondus. Quand tout le monde sans exception vote indistinctement, cela est très flatteur; mais ce qui le serait davantage, c'est que tout le monde fût représenté efficacement ou distinctement au moins, selon la nuance de sa situation, de sa personnalité ou de son intérêt. En France par exemple, ce qu'on redoute, ce n'est pas le peuple, c'est la foule, force aveugle et irresponsable. La foule électorale, aussi bien que la multitude agglomérée, renferme des dangers et une impuissance évidentes, et ni l'une ni l'autre ne constituent l'état normal et nécessaire d'une démocratie régulière. Que nous soyons une démocratie, nul n'en saurait douter; mais on ne saurait nier non plus que nous ne soyons une démocratie mixte. A ceux qui prétendent tour à tour que la France est une démocratie libérale, une aristocratie de la fortune et du talent, une bourgeoisie ou une foule sans idées politiques, ne demandant qu'à rester en tutelle, on peut répondre, d'après plusieurs expériences contradictoires et manquées, qu'on n'en sait vraiment rien. La France n'est absolument aucune de ces choses, mais elle est plus ou moins chacune de ces choses. De là viennent les contradictions et les revirements d'opinion si multipliés dans notre pays, qui voudrait néanmoins être représenté tel qu'il est, dans ses nuances comme dans son instabilité. Il faudrait donc trouver un instrument assez fin et assez pratique pour reproduire dans le corps électoral les différences et les transformations rapides des situations privées. Et comme il importe beaucoup d'échapper aux inconvénients de la faiblesse ou de la domination de la foule, serait-il trop audacieux de chercher à perfectionner le système électoral en séparant les éléments principaux des intérêts existants, et en les mettant en présence, pour leur laisser apercevoir clairement ce qu'ils ont à craindre ou à espérer les uns des autres? Une combinaison acceptable de ce genre une fois trouvée, on verrait peut-être d'une part ce qu'on procurerait au pays d'influence sur le gouvernement, de l'autre ce qu'on donnerait de stabilité au pouvoir. Nous ne jouissons pas encore d'une diffusion des lumières suffisante, mais nous avons la diffusion de la propriété. Pourquoi n'en pas profiter afin d'établir une classification plus praticable que celle que l'on fonderait sur l'instruction, et n'entraînant d'exclusions d'aucun genre? Si la démocratie est le peuple organisé, on comprend que chacun s'y puisse rallier; mais si c'est la foule, tout le monde doit la craindre.

Il est peu judicieux sans doute de répondre à la proposition d'un système compliqué par celle d'un autre système tout aussi hasardeux; néanmoins on admettra peut-être sans malveillance l'étude absolument théorique d'un suffrage universel modifié et divisé par groupes de situations et de catégories, car bien que les classes aient disparu, les différences de situation sont restées. Le suffrage universel sans restriction ne saurait-il être établi sur une base mixte et pondérée, fondement nécessaire d'un juste équilibre représentatif? S'il était permis de comparer l'arithmétique à l'art de la politique, qui est l'opposé des sciences exactes, on pourrait dire en principe qu'il serait heureux de trouver une combinaison et une règle de proportion par lesquelles on supposerait qu'en fait d'élections la propriété est au nombre comme le nombre est à l'industrie, celle-ci au commerce, et ainsi de suite entre les principaux éléments du pays (1). Il est évidemment impossible de réaliser exactement une telle balance, toutefois on peut approcher plus ou moins de cet idéal de pondération. Mais, dira-t-on, pour fonder une classification électorale sans partager la société en classes, système incompatible avec les progrès et les idées modernes, quelle organisation adopter, qui ne soit ni arbitraire, ni choquante ? En dehors de l'ignorance et de l'instruction, deux mots, richesse et pauvreté, semblent indiquer la grande et presque la seule distinction qui subsiste entre les habitants de notre pays. Serait-ce sur une base aussi brutale, aussi élémentaire qu'on pourrait songer à établir une division électorale ? Nul ne voudrait le prétendre ; mais indépendamment des personnes il est une classification tout aussi naturelle et aussi positive qui se présente d'elle-même. C'est la division par grands intérêts, non en prenant ce mot d'*intérêt* dans le sens étroit de la préoccupation personnelle du gain et du profit particulier, mais tel que l'entendent les Anglais, qui conçoivent une plus haute idée des intérêts et qui en ont fait presque des institu-

(1) Dans la constitution passagère de 1791, un tiers de la représentation était pris dans le territoire, un tiers dans la contribution, un tiers dans la population.

tions (*money interest, land interest*, etc.) : intérêts rivaux, mais non ennemis, parce qu'ils ne peuvent se passer les uns des autres. Il y a aujourd'hui comme une sorte de dédain pour les théories politiques, tous les regards se portent sur les théories sociales; or l'étude des intérêts entre dans le vif de cette dernière question.

Nous entendons d'ici des protestations éloquentes et nombreuses s'élever contre l'égoïsme et l'esprit mesquin des intérêts; mais la classification dont il s'agit n'exclut en rien la puissance de l'opinion et des idées. Et d'ailleurs où que l'on prenne les électeurs et les élus, il y a beaucoup de chance pour que les uns et les autres aient toujours quelque vue intéressée patente ou cachée. Une combinaison politique fondée sur le désintéressement semble difficile à rencontrer; quel serait le jury d'examen chargé de constater les aptitudes en une pareille matière ?

Au reste, la division des intérêts matériels et moraux séparément groupés et applicables au suffrage fractionné est toute trouvée : c'est celle des grands intérêts conservateurs et producteurs. Les divers intérêts, agricoles, ouvriers, manufacturiers, intellectuels ou commerciaux, sont des cadres précis et distincts ; quoi qu'on fasse, ils subsisteront toujours ; pourquoi n'en point user comme d'instruments d'ordre et de division ? Une telle division, portant sur les choses et non pas seulement sur les personnes, ne présente aucun des inconvénients de l'ancien établissement des classes ; l'indépendance de tous au contraire serait ainsi pleinement respectée, car chacun pourrait changer de groupe électoral comme de situation, et l'ouvrier à deux francs par jour, devenu par hasard ou par industrie propriétaire, inventeur, chef de fabrique ou commerçant, irait voter avec les électeurs qui ont des intérêts analogues à ceux que comporte sa situation nouvelle ; comme il aurait changé de condition de fortune, il changerait de catégorie électorale de plein droit, sans demander la permission à personne. Dans le vote universel, mais divisé, se retrouverait naturellement la part plus ou moins grande de chaque fraction sociale existant de fait dans le pays. Ce serait, quant aux élections, une véritable institution mixte, et les chambres résultant de ce système se plieraient aussi bien que toute autre combinaison gouvernementale aux variations de prépondérance et de restriction des influences parlementaires.

Si le suffrage universel imparfait n'est ni un maître prévoyant ni un serviteur toujours docile, c'est au moins une puissance réelle et franche ; en faire l'essai consciencieux est l'œuvre de notre temps. Le gouvernement par les masses a, comme toute autre forme politique, ses difficultés et ses inconvénients ; mais, lorsque nous parlons de division électorale, ce n'est point dans l'idée d'affaiblir l'institution du suffrage universel d'après l'ancienne maxime : diviser pour régner.

u contraire, le but de notre proposition serait de fourir au pouvoir central la faculté de diviser pour moins égner, et s'il est opportun aujourd'hui de s'occuper péculativement de représentation et de votes, supposons un instant que le suffrage universel ne soit pas le uffrage de la foule, mais celui des éléments distincts t égaux du peuple entier; ne pourrait-on alors, afin e reproduire par le système électif l'image fidèle de a société, adopter la division qu'on s'est proposé de racer ici, comme esquisse rapide des forces vives du ays : c'est-à-dire d'abord l'intérêt agricole et celui de a propriété, représenté par tout individu, riche ou auvre, possédant une terre ou une maison, ainsi que ar tout fermier payant un bail ; ensuite l'intérêt commercial, industriel et maritime, choisissant ses députés à part; puis l'intérêt ouvrier mieux groupé, ayant omme les autres, en proportion de sa force numériue, ses députés spéciaux; enfin l'intérêt intellectuel, ndustriel et maritime, choisissant ses députés spéiaux; enfin l'intérêt intellectuel, littéraire et moal (1), embrassant tout ce qui, sans propriété et sans ortune indépendante, vit chez nous des professions ibérales.

Sans s'arrêter aux difficultés de détail, que résou-

(1) Chacun sait qu'en Angleterre les universités de Cambridge et d'Oxford nomment à la chambre des communes des représentants particuliers et spéciaux.

drait peu à peu l'expérience, à supposer qu'un tel système fût jugé admissible (1), ne pourrait-on prétendre que le pays serait ainsi réellement représenté, et trop réellement peut-être au gré de quelques-uns?

Les premières épreuves de l'extension illimitée du privilége électoral ont amené bien des désappointements. Avec le suffrage universel, on s'attendait à ce que tout le monde serait satisfait; mais dans la réalité, quelque étendu ou restreint que soit le droit de vote, il faut nécessairement qu'il y ait toujours une forte part de gens mécontents et battus aux élections. L'avénement des masses à la vie politique ne change rien à ces conditions, car le fond même des institutions électives est d'accepter d'avance également la victoire ou la défaite. Les systèmes politiques modernes établis sur l'élection ne sont praticables et utiles que par la résignation des minorités et par la modération des majorités ; c'est ce qu'on a trouvé de mieux jusqu'à présent, mais ce n'est que cela. La théorie absolue des droits du nombre peut, comme toute autre, être facilement poussée à l'absurde, et pour rappeler à ce propos une des plus judicieuses pensées de M. Mill, la différence entre l'exclave irresponsable et l'homme libre, c'est

(1) Nous partageons les doutes exprimés par l'honorable écrivain au sujet même des opinions toutes personnelles qu'il expose; mais il est dans les traditions de la *Revue* d'accueillir volontiers les études élevées et sincères comme celle-ci. (*N. du D.*)

que le premier obéit à un ordre personnel et direct, le second à une loi ; mais il faut toujours finir par obéir à quelqu'un ou à quelque chose.

Les uns croyaient qu'avec le suffrage universel tout était perdu, d'autres que tout serait toujours sauvé. Cela n'a été ni si pernicieux ni si parfait ; mais cette institution, créée en faveur du nombre, peut arriver à des résultats contraires à l'égalité. Ainsi le suffrage universel pur et simple étouffe et écrase les minorités, non point seulement les minorités politiques, qu'on appelle des partis quand elles sont vaincues, et le pays légal quand elles triomphent, mais encore les minorités numériques. Ainsi cent ouvriers dans une ville de dix mille commerçants ne seront jamais représentés comme ouvriers ; ils pourront voter pour tel candidat, mais ce candidat ne sera pas le leur en propre. Un ou deux grands manufacturiers, au milieu de dix mille ouvriers de leurs fabriques, ne seront pas non plus spécialement représentés, tant que les élections resteront uniquement fondées sur le nombre et sur la division par localités. Nommés aujourd'hui d'après cette division seulement, les députés ne pourraient-ils pas l'être d'après une division par localités et par personnes tout à la fois ? C'est une question qu'il n'est pas superflu d'examiner, car si, par hasard de sa résidence, chacun peut espérer d'être représenté selon son opinion politique, ce qui est très vague pour la plupart des électeurs, il ne l'est pas selon sa situation sociale. Le classement géographique et local est-il donc plus judicieux qu'un autre?

De ce que le commerce, l'intelligence et les arts, la propriété, l'industrie ou la force ouvrière ne sont pas représentés par des nombres égaux d'électeurs, il ne s'ensuit pas que l'un de ces intérêts soit condamné à être opprimé par un autre, ni aucun d'eux sacrifié; le pouvoir ne doit pencher d'aucun côté, et la proportion numérique toute seule n'est point une raison de justice ni d'égalité. Le nombre pris comme seule base électorale peut, en certains cas, dénaturer et vicier toutes les élections, sans donner même à la foule qui l'emporte une véritable et personnelle satisfaction, ni un organe politique particulier et spécial. Que dans chaque catégorie de la société la majorité décide au déplaisir de la minorité, il s'y faut résigner; mais rien n'oblige d'établir que l'égalité entre les individus supprime l'égalité entre les intérêts, car tout citoyen est double : il est citoyen, puis autre chose encore, c'est-à-dire propriétaire, ouvrier, industriel ou savant, et ne faut-il pas concilier son double droit d'existence et de situation? L'homme civilisé doit-il être jeté nu et dépouillé devant l'urne électorale, sans autre évaluation que son existence physique, et sans qu'il soit tenu aucun compte de ce qu'il sait, produit ou possède? Pour que l'élargissement de la liberté des élections fût un progrès et non un danger, et fît la uste part des intérêts, il faudrait donc nécessairement admettre quelque modification ou complément à la doctrine présente du suffrage universel : mais, lorsqu'on cherche un point de départ politique quelconque, à la fois positif et moral, on ne sait où le prendre. La commune est plutôt un fait qu'un principe, et peut difficilement aujourd'hui être considérée comme l'origine ou l'école d'une force politique : c'est une division toute matérielle et le premier échelon local du gouvernement, ou plutôt chaque commune n'est qu'une des mailles du grand filet administratif qui nous enveloppe, et un cadre ou engin commode pour nous saisir et nous guider. Le canton et le département, dans leur organisation présente, semblent offrir des conditions à peu près analogues. Aussi, nous résignant provisoirement à chercher une solution dans des régions peu élevées, le premier point de départ et la justification d'une classificaton électorale ne pourraient-ils être d'abord l'impôt, relation la plus palpable de toutes entre le gouvernement et les administrés? Ce serait un premier partage se pouvant prêter à des subdivisions plus détaillées.

Quel est le droit de tous sur le vote, sur la quotité et l'emploi de l'argent fourni par les impositions? Jusqu'à quel point celui qui n'en paie pas doit-il concourir au choix de ceux qui sont élus pour établir et régler l'usage? Peut-on mettre la main dans la bourse de son voisin et, sans délier la sienne, lui imposer de lourdes dépenses? Cela semble contraire à la justice et à l'égalité, et peut produire de funestes effets. « Ceux qui ne paient pas d'impôts, disposant par leurs votes de l'argent d'autrui, ont toutes les raisons imaginables pour êtres prodigues, et aucune pour être économes. Chacun sait que c'est là ce qui, dans les grandes villes des États-Unis, a fait monter à un chiffre tellement exorbitant les impôts locaux (1). » Comme ce sont les représentants qui votent les impositions, si le suffrage est emporté par la seule force du nombre, celui-ci est tout-puissant pour dépenser l'argent d'autrui. Or, tant qu'on admettra les droits de la propriété, il faudra bien admettre aussi qu'il doit y avoir une part d'influence et de direction plus forte sur l'emploi des revenus du pays pour ceux qui en fournissent les éléments. C'est ce qui au reste est appliqué parmi nous pour les dépenses communales, à la fixation desquelles concourent dans une égale proportion les plus imposés de la commune réunis aux membres du conseil municipal. Ce principe accepté, bien qu'obscur et modeste, pourrait, s'il était développé, amener de grandes conséquences; en effet, chacun de nos droits exercés nous impose un devoir, et chaque devoir accompli nous donne aussi un droit corrélatif.

Jusqu'à présent, l'axiome du suffrage universel se réduit à ce raisonnement : j'existe, donc je vote. Sans

(1) M. Stuart Mill, page 199.

trop s'écarter du droit matériel de l'existence qu'on prend pour base, sans trop manquer à l'esprit de l'axiome, on pourrait ajouter ceci : Je paie, donc je vote, et comme j'existe aussi, il faut donc qu'on me fournisse, comme citoyen imposé, le moyen de peser d'un double poids dans la balance électorale : au double titre premièrement de représentant d'une partie de la richesse publique et privée qui paie, secondement de représentant d'une existence individuelle. Nous avons en effet deux espèces d'impôts, l'un qui s'applique à tous, l'autre qui ne pèse que sur quelques-uns ; on pourrait donc soutenir à la rigueur qu'en fait d'influence il faudrait que chacun en eût pour son argent. Les impôts indirects et de consommation sont, il est vrai, supportés par tout le monde ; mais celui qui paie l'impôt foncier, les prestations et les patentes, n'est pas moins soumis qu'un autre aux charges indirectes : il acquitte par conséquent double imposition. Nous n'avons à traiter ici ni de la nature ni de l'assiette de l'impôt, et, quels que soient les changements successifs que dans l'avenir puissent amener des théories nouvelles sur l'impôt, le présent seul nous occupe. Il faut être de son temps, bien qu'on soit démocrate, et si l'on ne peut établir une exacte relation entre l'influence politique et les charges snpportées, encore faudrait-il au moins chercher une sorte de prudente proportion. Le suffrage universel, en dehors de l'application actuelle, se prête-t-il à d'autres combinaisons que celles du vote à deux degrés, ou du vote plural et gradué, recommandé par M. Mill pour éviter les inconvénients de la foule? La grande et simple division des intérêts avec égalité entre eux ne serait-elle pas préférable ou au moins plus admissible en principe? En tout cas l'examen de cette théorie aujourd'hui a l'avantage de fournir un cadre saisissant à l'étude et à l'analyse des éléments et des intérêts séparés du corps électoral. Le suffrage universel étant le gouvernement du nombre, nous sommes conduit à rechercher ce que c'est que le nombre en France. Voici comment on peut le décomposer et l'analyser, d'après les sources les plus officielles, bien qu'elles soient insuffisantes dans le détail.

	Division par 35,000.	
	Électeurs.	Députés.
Agriculture, fermage, grande, moyenne et petite propriété	5,285,000	151
Commerce, industrie	1,505,000	43
Professions libérales	455,000	13
Ouvriers agricoles non propriétaires, ouvriers industriels et du commerce, prolétariat pur	2,730,000	78
Totaux	9,975,000	285

D'après le dénombrement qui a servi de base à ces chiffres, la balance dynamique de la puissance élective du pays se produit donc ainsi : la propriété et l'agriculture possèdent une force législative de 151 députés (1); cette force est pour le commerce et l'indus-

(1) Agriculture : 7,846,000 individus en 1851 (nous adoptons ici les chiffres de M. Maurice Block, *Statistique comparée*), pouvant se diviser ainsi :

Fermiers..	570,000
Métayers, colons ou autres cultivateurs donnant aux propriétaires une partie de leurs récoltes................	380,000
	950,000

Journaliers propriétaires parcellaires en 1851 : 3 millions de ceux-ci ne payaient pas de contribution personnelle; exemption motivée par leur extrême indigence, que l'autorité municipale avait constatée. Ces 3 millions de propriétaires indigents, en supprimant un tiers pour femmes, mineurs, incapables, donnerait 2 *millions d'électeurs* petits propriétaires èt journaliers à la fois.

Les fermiers étant souvent propriétaires et réciproquement, le nombre de propriétaires distincts est difficile à établir; mais la proportion entre la grande, la moyenne et la petite propriété est celle-ci :

Grande propriété..................	6,469,000	hectares.
Moyenne propriété..................	25,439,000	—
Petite propriété..................	9,901,000	—
	41,810,000	hectares.

D'après la dernière statistique du ministère du commerce et de l'agriculture, le nombre des propriétaires ruraux s'élève à 6,200,000 environ, chiffre fort inférieur à celui de 7,846,000; mais en défalquant sur ce dernier chiffre un nombre présumé de 2 millions pour double emploi dans les relevés, mineurs, femmes, incapables, faillis, on peut s'arrêter au chiffre approximatif de 5,285,000 électeurs propriétaires et agriculteurs, qui, divisé par 35,000, donne 151 députés pour l'agriculture, etc.

trie de 43 députés (1), et de 13 pour les professions libérales (2); pour les ouvriers simples prolétaires (3), la force législative est de 78 députés. Que ces forces soient mises chacune à part ou confondues, elles n'en existent pas moins dans le rapport des chiffres qui viennent d'être exposés. Avec le système de vote d'aujourd'hui, on ignore et il est impossible de savoir dans

(1) Actionnaires et rentiers, capitalistes non propriétaires, commerçants et industriels et maîtres de fabriques, 1,672,467; grande industrie, 124,133; petite industrie et commerce, 1,518,334. Nombre des patentes en 1857, 1,712,433. Réduction à 1,505,000 électeurs : 43 députés.

(2) Professions libérales, 495,978, auxquels on peut ajouter quelques milliers d'électeurs officiers de terre et de mer, non inscrits dans les précédentes catégories. Réduction approximative au chiffre de 455,000 électeurs : cela donne pour les professions libérales 13 députés.

(3) Ouvriers agricoles non propriétaires, 3,480,218 hommes et femmes réunis; en retranchant un tiers pour les femmes, on a le chiffre d'environ 2,300,218; puis, en retranchant un dixième pour individus de 15 à 21 ans, reste environ 2,100,000. Si l'on sépare les journaliers non propriétaires de ceux qui le sont, d'après la proportion indiquée de 760 sur 1,000, on obtient environ 1,600,000 ouvriers agricoles électeurs.

Ouvriers industriels et du commerce, serviteurs, etc.	2,109,894
— agricoles	1,600,000
	3,709,894

En adoptant une réduction de 979,894 pour apprentis, mineurs, incapables, sans domicile, on trouve, comme chiffre approximatif des électeurs ouvriers, 2,730,000. — Députés, 78.

quelles proportions ces forces s'appliquent ou se développent aux élections : est-ce un bien ? Au moyen du suffrage divisé, ces forces se montreraient à nu et en présence : serait-ce un mal ? N'y aurait-il pas en outre un grand avantage à savoir d'où vient chaque député, non point seulement de quel lieu géographique, mais encore de quelle raison sociale ?

En tout cas, la proportion de représentants assignée aux divers intérêts pouvant varier à chaque élection d'après les changements survenus dans l'état et la situation des électeurs (1), c'est une simple question de chiffres aussi facile à saisir et à résoudre par les gouvernés que par les gouvernants. Cette combinaison électorale serait en outre conforme aux principes de la plus stricte égalité, puisqu'on mettrait sur la même ligne les ouvriers médiocres, qui produisent peu, et les habiles ouvriers, qui produisent beaucoup, et que pareillement on placerait sur le même pied les propriétaires ou commerçants qui paient beaucoup d'impôts et ceux qui en paient peu, et que les députés des uns comme des autres auraient une part égale d'in-

(1) Pour réunir les suffrages de 35,000 électeurs exclusivement pris dans une catégorie spéciale, il se présente une grave difficulté ; ne faudrait-il pas souvent sortir des limites des circonscriptions actuelles ? L'intérêt agricole et ouvrier, plus nombreux, pourrait voter à la commune ; les autres groupes d'électeurs, plus épars, pourraient voter au chef-lieu de canton ou d'arrondissement.

fluence politique dans le gouvernement. Sans qu'il soit nécessaire d'être riche, il suffirait d'être détenteur d'une fraction de la richesse nationale pour être appelé à représenter celle-ci au scrutin, de même qu'il ne serait pas besoin d'être un travailleur intelligent ou courageux pour représenter l'intérêt ouvrier, car il y a quelques oisifs volontaires dans les classes laborieuses, et leurs droits, égaux aux nôtres, sont sacrés.

Pour que la représentation distincte des intérêts fût complète, il faudrait d'abord que chaque catégorie votât séparément, et alors les ouvriers et les pauvres, toujours trop facilement poussés à réclamer violemment contre l'ordre établi, verraient avec évidence qu'ils ont par ce moyen une voie ouverte aux réclamations légales, et ils se croiraient beaucoup mieux défendus et protégés par des représentants spéciaux. Peut-être en ce cas obtiendrait-on que l'ouvrier farouche et abusé n'allât pas conspirer dans l'ombre, ce qui n'est ni fier ni digne d'un électeur et du citoyen d'un grand pays.

En outre, le vote séparé pourrait conduire au renouvellement annuel des assemblées par cinquièmes. Cette théorie a déjà été l'objet d'une brillante discussion en 1817; est-elle absolument condamnée? De l'élection échelonnée il résulterait chaque année une infusion nouvelle de l'esprit du pays dans le pouvoir représentatif; ce serait une chambre qui ne vieillirait pas, et en politique il n'est guère permis de vieillir parmi nous.

D'après cette hypothèse, les intérêts séparément groupés serviraient à diviser et à fortifier le suffrage universel, mais non à gouverner directement. Dans leur accord et leur confrontation se rencontreraient d'utiles éléments pour gouverner, et la chambre élective produite par un tel système ne serait uniquement ni une chambre de commerce, ni un comice agricole, ni une réunion de syndicats ou d'actionnaires, mais le lien véritable et la grande unité du pays, représenté tout entier par chaque député d'après le principe admis jusqu'ici en France et en Angleterre, malgré les divisions locales et les circonscriptions géographiques adoptées chez l'une et l'autre nation. Quant à l'esprit d'une chambre ainsi constituée, on peut être sans crainte. Les intelligences s'élèvent et s'échauffent vite dans les grandes assemblées politiques. Les Français réunis prendront toujours les questions d'assez haut, et, dès qu'ils auront commencé, ne seront pas longtemps à chercher leurs voies dans l'art de bien discourir au Palais-Bourbon, ce paradis perdu des émotions parlementaires. Sans rien abandonner ni sacrifier dans la défense de notre cause, nous pouvons prendre en main celle du pauvre et de l'ouvrier, pour ne pas les laisser tomber sous la domination de rêveurs funestes ou d'agitateurs intéressés. S'il ne faut pas se laisser gouverner par les ouvriers et les pauvres, il est bon de ne les pas laisser traiter comme des enfants terribles. En outre, avec le suffrage universel divisé, chaque minorité vaincue sur le terrain électoral n'aurait lieu d'en vouloir qu'à ses pareilles. Lorsqu'elle se trouverait opprimée dans son choix, elle ne se devrait plaindre que de confrères qui ont au fond les mêmes intérêts ; ce serait une querelle de famille qui aurait peu de chances de s'envenimer.

Il est inutile d'ajouter que les représentants des intérêts divers pourraient être choisis dans toutes les situations, et que dans le choix des députés les règles seraient les mêmes que celles qui existent aujourd'hui. Les propriétaires adopteraient à leur gré pour représentant un astronome ou un général, et de même les ouvriers, les commerçants ou les lettrés choisiraient indistinctement pour député un publiciste, un propriétaire, un géomètre, un médecin, un avocat, ou tout autre. Si les artisans voulaient se faire représenter par l'un d'eux, on ne saurait les en empêcher; mais s'ils le faisaient exceptionnellement, par amour-propre de classe, ils ne gagneraient pas à voir leur cause défendue et plaidée, ainsi que les grandes questions politiques décidées par l'ignorance présomptueuse d'un des leurs, et, dans le cas ou celui-ci serait assez instruit pour être à la hauteur de son mandat législatif, il n'y aurait plus lieu de le considérer comme simple artisan. Il est probable que dans l'hypothèse du suffrage divisé, les choix seraient à peu près semblables à ce qu'ils furent à d'autres époques; seulement la signification en serait différente. En outre, pour rendre pratique cette combinaison électorale, il serait indispensable de ne pas tomber daus une réaction exagérée contre l'administration et la puissance gouvernementale, qui ont aussi bien que le dernier d'entre nous leur droit de légitime défense. A charge de revanche, ne doit-on pas leur donner ce que les Anglais appellent *fair play?* D'après le principe développé par M. Stuart Mill (1), il y a de certaines choses que le gouvernement, « l'exécutif, » peut seul bien faire : en revanche, il est un autre ordre d'affaires qui se font mieux sans lui ; mais, pour que la représentation nationale offre une fidèle image du pays tel qu'il est, l'influence du pouvoir central, à laquelle nous sommes habitués, ne saurait se trouver absolument exclue des assemblées. Ne pourrait-on, comme en Angleterre, par quelque fiction admise et réglée, remettre à la nomination du gouvernement dans la chambre législative un certain nombre de siéges ? Que de personnes trouveront sans doute qu'il est un peu naïf de prendre dans notre pays tant de souci du gouvernement ! Cependant, lorsqu'il s'agit de rendre la liberté durable, l'exemple de l'Angleterre nous enhardit, et aucune des précautions qu'elle a été la première à prendre ne nous paraît devoir être négligée.

(1) P. 108, 109.

Ne serait-ce pas donner trop d'importance à cette étude que de s'arrêter aux objections qui se présenteront peut-être à l'esprit de ceux que troublent certains souvenirs de 1848, lorsqu'on parle de représentation spéciale et distincte des populations ouvrières? Nous ne sommes ici que dans le domaine de la théorie, et une telle discussion serait prématurée. Il n'y a pas lieu non plus de répondre à ceux qui craindraient de voir dans la division du corps électoral un retour déguisé vers les anciennes séparations de la société en classes. Ce serait en tout cas à de plus autorisés que nous de résoudre ces graves questions; seulement on a vu depuis quatre-vingts ans surgir et s'écrouler tant de choses, qu'il nous paraît embarrassant de décider ce qui est impossible et ce qui ne l'est pas.

D'autres objections d'un ordre différent nous touchent de plus près. Il en est une par exemple que nous prévoyons et à laquelle nous tenons à répondre, car elle tendrait à mettre le système que nous exposons en lutte avec un des principes les plus chers à la société française depuis 89. Dans un classement électoral conçu d'après les bases qui viennent d'être dédéveloppées, y aurait-il un danger réel pour l'égalité des citoyens? Nous ne pouvons le croire. Il est incontestable que pour le choix d'nn maître, et devant la loi ainsi que devant la protection ou la répression de la justice, nous sommes tous égaux; mais l'égalité se trouve déplacée et portée hors de son domaine lorsqu'on en veut faire un argument rigoureux contre toute distinction entre les forces électorales. Le but de l'élection est de donner, par l'exercice d'un droit et d'un devoir commun à tous, la représentation et l'image fidèle du pays résumé dans une assemblée. Les chambres représentatives sont un miroir qui est utile en raison de l'exactitude de l'image qu'il reproduit. Il n'y a aucun prétexte pour que le pouvoir et l'administration, épris de leur mutuelle ressemblance, se bornent toujours à s'offrir réciproquement leur portrait tiré à beaucoup d'exemplaires par le procédé de la chambre obscure de la candidature officielle. C'est notre portrait, à nous autres administrés, que nous aimerions à voir reproduire et demander; nous ne le refuserions pas, si on trouvait quelque utilité à ce qu'il se rencontrât un moyen de représenter fidèlement non-seulement nos opinions et nos situations respectives, mais encore leurs inégalités, qui subsistent malgré tout dans bien des choses contemporaines.

Au reste, le temps présent lui-même ne proteste-t-il pas contre certaines idées exagérées d'égalité absolue, et n'est-il pas soumis à un courant double et inverse? On pourrait aujourd'hui reconnaître deux sortes d'égalités, une égalité négative et une égalité positive, dont l'attraction et la répulsion se font sentir comme deux pôles contraires. La première consiste à abattre tout ce qui s'élève, à entraver tout ce qui se distingue et à appauvrir tout ce qui s'enrichit; la se onde, c'est-à-dire l'égalité positive, consiste à aider et à encourager le vice à se changer en vertu, la faiblesse en forces utiles, l'indigence en richesse, et à ramener tout ce qui est abaissé à un niveau supérieur. Cette dernière manière d'entendre l'égalité n'est-elle pas celle que veulent fermement adopter la société et l'État, dont les encouragements et les récompenses sont comme une provocation universelle à l'inégalité et à l'émulation, seuls gages assurés de progrès et de liberté! L'idéal de la loi humaine est de proclamer égaux et de traiter comme tels tous ceux qui ne le sont pas; espérer ou promettre autre chose, ne serait-ce pas approcher beaucoup de la déraison?

Quoi qu'il en soit pour nous qui, libres de naissance depuis 1789, sommes réputés possesseurs du double et précieux privilége de la liberté et de l'égalité, ne nous laissons pas entamer sur ce bon terrain de combat où il ne faut ni déchoir ni se laisser tourner. Seulement qu'on n'oublie pas de remarquer qu'égalité et identité ne sont pas même chose, et qu'égaux, mais différents, nous servons tous dans la même armée, mais non pas dans le même régiment.

En définitive, la pratique du suffrage universel nous impose une tâche des plus ardues, car, assoupi, le suffrage universel peut demeurer une fiction inutile, tandis que, réveillé, il peut devenir une formidable réalité. Est-ce un motif de se décourager? Dans notre société puissante et mêlée, que l'on se plaît souvent à trop calomnier, la vie circule active et abondante, et l'on vient de voir que sa sève endormie ne saurait être absolument comprimée. Le bien ne règne jamais sans partage; mais on doit s'estimer heureux de trouver l'occasion de lutter pour lui la tête haute. Certaines forces se sont déplacées pour faire place à des forces nouvelles, auxquelles l'arène s'ouvrira quelque jour. Ainsi la culture du sol a pris un rang où l'on ne s'attendait pas à la voir parvenir; une jeune génération riche et distinguée par ses connaissances a préféré le grand fermage à d'autres carrières, et, enlevant d'assaut l'agriculture, l'a mise en première ligne parmi les situations honorables de la société. Ce mouvement des classes éclairées vers les occupations agricoles relevées par la science et l'industrie ne sera point passager, car les femmes auxquelles s'intéresse à si juste titre M. Mill s'y sont associées; malgré les avantages acquis de l'aisance et de l'éducation, elles ont la judicieuse et saine ambition de César, qui aimait mieux être le premier au village que le second dans Rome. Voudra-t-on se montrer hostile à cette nouvelle aristocratie des campagnes? Non certes : l'égalité, pour être complète et sincère, ne doit entraîner aucune exclusion prononcée au nom de rivalités anciennes qui ne sont plus.

Plus heureux qu'en 89, nous avons vu s'effacer tous ces antagonismes de classes qui ont envenimé et perdu tant de choses, mais qui ont disparu devant des nécessités nouvelles et des périls communs ; le champ est libre aujourd'hui pour tout ce qui a su s'élever et mériter ou conserver l'estime et la considération. La faveur du jour n'est pas encore pour celui qu'un contemporain a spirituellement appelé « l'homme-obstacle ; » toutefois un peu d'indépendance plaît encore dans nos contrées. Tous les hommes peuvent être indépendants, les uns malgré leur pauvreté, d'autres malgré leur richesse menacée ; mais les vertus moyennes ont besoin de s'appuyer sur certaines conditions matérielles et morales d'une existence indépendante. Il sera peut-être permis aussi de regretter que les représentants de l'honneur intellectuel de notre pays soient comme anéantis et perdus dans la foule. Nous ne voulons point à la vérité être exclusivement gouvernés par la littérature et la science, mais nous voudrions encore moins être gouvernés sans elles au nom de ceux qui ne savent pas lire. La toute-puissance électorale du nombre est une suffisante garantie contre l'influence des hommes qui n'ont que le talent pour fortune, et qui sont assurés, ceux-là du moins, de n'être pas dépouillés. Voudrait-on leur reprocher de s'opposer à la tendance des sociétés modernes vers la médiocrité collective ? Comme le dit si bien M. Mill, « on ne peut arriver à avoir une démocratie habile, si la démocratie ne consent pas à ce que la besogne qui demande de l'habileté soit faite par ceux qui en ont (1). » A cette sage réflexion on pourrait

(1) Page 139.

ajouter que la diffusion des saines lumières, d'une instruction morale, économique, religieuse, historique, est d'autant plus nécessaire que l'état politique d'un pays est plus imparfait.

Qu'on nous permettre de le redire en finissant, pendant qu'en fait de suffrage universel M. Mill parcourt le vaste champ de la théorie nous nous débattons dans les nécessités de la pratique : devant chacun de nos efforts se dresse une complication nouvelle ; mais, dans cette lutte pour un progrès prudent et raisonnable, il est naturel qu'on s'attache à l'étude d'un livre remarquable sur le gouvernement représentatif, dont on peut tirer cette leçon générale : il faut avant tout échapper au culte théocratique de la foule divinisée dont le despotisme n'est pas plus rassurant qu'aucun autre. C'est contre un pareil danger qu'il s'est fait une sorte de protestation dans le mouvement électoral dont notre pays vient d'être le théâtre. Quelques-uns prétendaient que les masses, immobiles et fixées dans le dédain du contrôle et de la liberté politiques, arrêteraient partout l'élan de ceux que le nivellement sous l'autorité ne suffit pas à contenter ; le suffrage universel ne leur répond pas, mais, comme le philosophe grec devant le sophiste, il se lève et marche. On ne peut certes pas dire que les choses aient changé de face, mais il est facile de voir qu'elles ont pris une teinte différente. Le succès brillant de quelque-uns au dernier scrutin et la défaite honorable de plusieurs autres montrent qu'un nouvel ordre d'idées a pris naissance dans le pays. La question soulevée n'est pas, quoi qu'on dise, une question de parti. Bien qu'on ait cherché à imprimer un cachet de lutte personnelle et directe au mouvement discret qui n'était au début que le résultat d'un légitime esprit d'examen, personne n'a songé à crier ni vive le roi, ni vive la Ligue; des idées plus générales ont amené un commencement de réaction qui intéresse le salut même des démocrates; « car l'aversion inintelligente de la démocratie pour tout principe et tout élément d'organisation sociale autre qu'elle-même pourrait leur être aussi funeste (1).

Au reste, comme on peut le constater par l'examen des chiffres et des classements qui viennent à l'appui de cette étude, le grand nombre et les gros bataillons, auxquels la Providence se montre souvent favorable, sont du côté des classes moyennes, qui peuvent aussi revendiquer désormais, comme appoint légitime à leur puissance, les grands talents, les hautes situations et les grosses fortunes qui y rentrent ou qui en sortent, ainsi que cette partie sédentaire du prolétariat, qui se fixe et s'élève par le travail, l'économie, l'ordre et la propriété. Tout le mouvement du monde moderne est dans ce sens; il ne faut pas le laisser détourner de sa tendance, ni souffrir que des appels inconsidérés à l'éga-

(1) M. Guizot, *la Génération de* 1789, *Revue* du 15 février dernier.

lit absolue créent une perpétuelle entrave à la liberté sage et réglée.

Que les systèmes représentatifs soient autre chose qu'une chimère, ou que les élections et le pouvoir législatif soient simplement le résultat d'une opération d'arithmétique, on n'a qu'à se compter pour voir ceux qui doivent être non les maîtres, mais la force vitale du pays. Si l'on doit trembler devant certains fantômes de désordre possible trop grossis et trop souvent invoqués, l'abdication sexennale du pays aux mains d'un seul par le vote universel est-elle le plus sûr abri contre des éventualités funestes? L'on ne tombe pas toujours sur des Titus ou des Marc-Aurèle, et ce dernier lui-même n'a-t-il pas signé, quoique à regret, dit-on, des édits de persécution contre les chrétiens? Qui n'aimerait à rencontrer le *bon despote* dont M. Mill nous trace un si gracieux portrait? Tout comme le savant publiciste, on serait heureux sans doute d'en faire son ami, mais non point de lui confier aveuglément une toute-puissance sans limites.

Nous formons un autre rêve que celui d'une monarchie absolue tempérée par la révolution, cette fée ironique et puissante qui nous vend parfois si cher ce qu'on croit qu'elle nous donne, et l'on peut souhaiter autre chose qu'un état d'intermittence où l'on passerait de la mollesse et de l'abandon général sous un despotisme confortable aux secousses violentes d'une liberté réveillée à l'improviste : oscillation périodique qui, pour le prochain retour du balancier de nos destins, nous présagerait un épisode de licence redoutable, si l'astrologie révolutionnaire peut établir ses calculs sur l'expérience du passé.

En nous-mêmes est la vraie sauvegarde contre le désordre; nul ne peut lutter utilement pour nous sans que nous nous en mêlions. Dans les difficultés inévitables de la vie politique, la victoire ne reste pas à ceux qui, se retirant loin du théâtre de la lutte, ne veulent combattre que par procuration. Si l'on n'a pas encore trouvé la juste limite entre le droit de résistance et le droit de renversement, c'est à nous de la chercher maintenant. L'énergie et l'esprit politique d'un peuple peuvent se faire jour à travers toutes les institutions, sans aller sans cesse chercher des systèmes plus ou moins ingénieux, car tant valent les hommes, tant valent les institutions. Sous les divers uniformes et sous les divers drapeaux qu'adopta notre pays dans les diverses phases de son histoire, sous l'armure féodale du chevalier comme sous la tunique du simple fantassin, nos soldats ont toujours montré les mêmes vertus guerrières. Sous toutes les formes de gouvernement, on peut également déployer les mêmes faiblesses ou les mêmes vertus politiques et civiles.

Un nouveau bail commence avec la législature nouvelle, un réveil s'est fait dans les esprits, il s'est même répandu dans l'air comme un parfum d'opposition. Nous avons six ans pour préparer un nouveau progrès et pour travailler à l'avénement de deux grandes choses qui ne sauraient être inconciliables en pays chrétien, c'est-à-dire le *principatum ac libertatem* de Tacite. Dans six années, les maîtres de notre première jeunesse auront vieilli, ceux à côté desquels ont combattu nos pères et nos aînés seront moins propres à la lutte active, et n'auront plus guère que de sages conseils à nous donner; auront-ils des héritiers ou des successeurs? Leur héritage sera lourd à porter; mais évidemment la lice est entr'ouverte, et il faut concourir, sinon pour la palme, du moins pour une part dans l'action. Dans six ans, pour beaucoup d'entre nous l'heure de la maturité aura sonné; d'ici là, *laboremus*, ce qui veut dire *souffrons* aussi bien que *travaillons*. Ce double sens nous convient; l'avenir est peut-être dans nos mains, le laisserons-nous échapper?

Parmi les alternatives du désordre et de l'autorité extrêmes, la France a souvent confié son sort à ceux qui ne travaillaient pas pour la liberté; ne pourrait-on aujourd'hui se montrer plus clairvoyants et plus difficiles? Dès que tout le monde est représenté, la pratique du gouvernement représentatif est-elle à jamais impossible? Beaucoup assurent qu'avec la démocratie on ne saurait faire de la liberté et de l'ordre tout ensemble, et que s'il faut avoir une confiance illimitée dans la liberté, qui nous vient de Dieu, on doit n'accorder qu'une confiance restreinte aux libéraux, qui ne sont pas toujours inspirés du ciel. En effet, lorsqu'on suppute les malheurs et les renversements que nous avons traversés, ou qui nous menacent au nom de la liberté, si souvent confisquée en fin de compte, qui peut être paisiblement libéral ? mais qui peut ne l'être pas quand on considère quelles sont les conséquences funestes et inévitables de tout despotisme prolongé? Néanmoins que les timides s'enhardissent, le temps nous pousse, le suffrage universel a marché; qui voudra rester seul sur des rives dépassées? Dans quelques parages que nous mène le vaisseau ballotté de la patrie, il faudra bien aller ; plus on est loin du port, plus on a besoin des efforts de tous pour accomplir la tâche malaisée de l'habileté dans le bien et du succès dans l'honnête. C'est pourtant dans cette voie difficile qu'il nous faut avancer plus ou moins pour garder notre rang parmi les nations, et soit qu'on fasse, soit qu'on néglige son métier d'homme libre, on doit reconnaître que le pays commence à désirer une participation plus active et un contrôle plus effectif dans ses affaires, et on pourrait conjecturer que la période qui vient de s'ouvrir ne s'achèvera pas sans que la démocratie véritable, qui comprend tout le monde, appuyée sur les côtés perfectibles de la constitution actuelle, réclame ses franchises et ses droits de bourgeoisie.

A une telle réclamation non encore nettement formulée par le suffrage universel, quelle est la réponse que l'avenir nous réserve ? Nul ne peut la prévoir; mais de graves prémisses paraissent avoir été posées. Il semble que nous commencions une page nouvelle de l'histoire contemporaine, et l'on ne saurait trop, à l'exemple de M. Stuart Mill, s'efforcer d'éclairer les routes encore inconnues où s'avancent les masses électorales du pays, qui cherchent à exercer leur part d'influence sur le mouvement légal de la vie civile et politique.

DE LA DÉCENTRALISATION EN ANGLETERRE

DE LA

DÉCENTRALISATION

EN ANGLETERRE

M. GNEIST. — M. ERSKINE MAY. — M. DE FRANQUEVILLE.

I

« Les combinaisons anglaises du *self government* « nous tracent l'étendue et les limites du cercle dans « lequel doit se produire la part d'autorité active et « directe qui revient de droit à la société dans la puis- « sance de l'État. Ces combinaisons nous fournissent « aussi les principes certains de la solution des ques- « tions débattues entre la centralisation et la décen- « tralisation (1). En outre, pour l'étude ou le dé- « veloppement du droit public, le droit anglais a toute « la valeur et l'importance qu'on attribue au droit « romain en matière de droit privé (2). »

(1) Gneist, t. II, p. 1215.

(2) Gneist, *Préface*, t. II, p. 5.

C'est donc encore de l'autre côté de la Manche qu'il nous faut aller chercher des enseignements! Toutefois nous ne serons plus obligés aujourd'hui de fouiller péniblément dans cette masse de lois et de documents épars que les Anglais ont négligé de réunir en des codes réguliers et complets, mais dont ils savent se servir si bien dans la pratique journalière.

M. Rudolph Gneist, que nous venons de citer, s'est dévoué à la tâche ardue de développer l'histoire, les progrès et les combinaisons du *self government* en Angleterre (1). Il l'a fait avec un luxe de détails que nous ne craindrons pas de qualifier, selon sa propre expression, « d'anatomie pathologique, » et c'est avec profit comme avec intérêt que nous avons consulté ce travail.

Sans partager les opinions politiques et religieuses de l'auteur, qui siége à la gauche avancée de la Chambre des députés de la Prusse, nous pouvons déclarer que le traducteur français assez courageux pour entreprendre de mettre à la portée de tous nos compatriotes cet ouvrage important rendrait le plus éminent service à la cause de la décentralisation. Mais si M. Gneist lui-même se plaint des difficultés qu'il éprouve à plier la langue allemande aux formules

(1) *Histoire et état présent de l'organisation municipale ou du elf government en Angleterre*, par Rudolph Gneist. Berlin, 863. 2 vol. in-8, non traduit.

anglaises encore nouvelles et inusitées dans son pays, quels ne seront pas les gémissements légitimes du traducteur obligé de rendre en français ces mêmes formules reçues de seconde main !

Nous ne devons pas négliger de citer aussi, avec éloges, un livre nouveau qui a paru dernièrement à Paris. M. de Franqueville vient de publier sur les institutions anglaises (1) une étude consciencieuse et fortement nourrie de Montesquieu ; ce volume a toute la valeur d'une enquête administrative traitée à la française, c'est-à-dire avec clarté et précision. Nous lui emprunterons fréquemment les définitions et le tableau des combinaisons et des agents de ce *self government* fondé sur la pratique un peu confuse des antiques droits populaires, féodaux et bourgeois de l'Angleterre.

Malgré l'aridité inévitable du sujet qui nous occupe ici, nous sommes encouragés à reproduire en commençant le résumé des institutions provinciales, ainsi que du petit ménage des libertés et des institutions locales de l'Angleterre, par l'estime qu'ont les Anglais eux-mêmes pour ces institutions. Dans un ouvrage remarquable et récent, non encore traduit, ayant pour titre : *Cent ans de l'histoire constitutionnelle en Angle-*

(1) *Les Institutions politiques, judiciaires et administratives de l'Angleterre*, par Charles de Franqueville, auditeur au conseil d'Etat. 1 vol. in-8, Paris, 1863

terre (1), M. Erskine May (2) expose que le gouvernement local est la base de la liberté constitutionnelle, et que, si les Anglais ont acquis les qualités propres à la jouissance de cette liberté, ils le doivent uniquement à ces anciennes institutions locales par lesquelles ils ont été formés au *self government.* « Les affaires « du peuple, dit-il, ont été faites, non point seulement « au parlement, mais encore dans le vestry, dans le « conseil municipal, dans les réunions pour l'ap- « plication de la loi des pauvres et dans les cours de « sessions trimestrielles... Chaque paroisse anglaise, « ajoute-t-il avec orgueil, est le portrait et l'image de « l'État ; dans chacune se trouvent heureusement com- « binés les éléments aristocratiques et démocratiques « du pays (3). » Ne serait-il pas permis d'avancer, mais non pour s'en féliciter, que la commune française aujourd'hui est bien aussi l'image de l'État? Qu'importe, diront quelques-uns, qu'on soit plus ou moins libre dans une commune rurale? A ceux qui dédaignent la liberté au village, on pourrait affirmer qu'il n'y a point de petite liberté, et que tout est solidaire en ce genre.

Un des objets principaux de l'activité municipale

(1) *The constitutional history of England*, 1760-1860. 2 vol. in-8, Londres, 1861.

(2) Page 492, t. II.

(3) *The constitutional*, etc., p. 492, t. II.

en Angleterre est l'application de la loi des pauvres. Tout le monde connaît le but et l'importance de cette loi, dont on a pu remarquer les bons résultats pendant la dernière crise cotonnière, alors que le paupérisme britannique menaçait de prendre les plus effrayantes proportions. Qu'on se figure, au contraire, quel serait chez nous l'effet désastreux d'une telle loi appliquée par le suffrage universel ou par l'État, surtout si des malheurs exceptionnels frappaient les classes ouvrières à la veille des élections, ou au lendemain d'un bouleversement politique.

La France, en effet, ne saurait, pour beaucoup de raisons économiques ou politiques, admettre un instant chez elle cette lourde taxe des pauvres (1) qu'af-

(1) Tout en cherchant à faire ressortir l'insuffisance du système des aumônes répandues par les abbayes et les communautés religieuses, M. Gneist admet pourtant que la destruction et la spoliation des couvents, à l'époque de la Réforme, jetèrent toutes les charges d'un paupérisme déjà menaçant sur les paroisses et sur les communes. Les édits les plus terribles furent établis par Henri VIII contre la mendicité. Par une nouvelle ordonnance, sous Elisabeth, les vagabonds et les mendiants valides, se refusant à travailler au prix du salaire habituel, étaient condamnés, pour la première fois, à une énergique bastonnade et à avoir l'oreille droite brûlée ; pour la seconde fois, à subir la peine réservée à la félonie ; une troisième condamnation emportait la peine de mort. Mais bientôt, ajoute M. Gneist, ces atroces barbaries furent supprimées, et les lois d'Elisabeth (1601) sur le soulagement des pauvres, sur la réglementation du travail et sur les mesures d'intérêt local, peuvent être regardées

fronte depuis plus de deux cents ans l'aristocratique Angleterre (1). Cette organisation pourtant ne nuit en rien à la charité individuelle ni à tous ces établissements de bienfaisance qu'on rencontre à chaque pas en Angleterre, portant pour la plupart sur leur frontispice cette inscription significative : *Supported by voluntary contributions*. Nous sommes loin de cette fière et intelligente décentralisation de la charité volontaire. La bienfaisance administrative tend chaque jour, au contraire, à se développer chez nous ; et cependant, malgré des générosités fastueuses et peu coûteuses pour lui, l'Etat, qui distribue notre argent, n'est, après tout, que le premier pauvre du pays et le plus exigeant.

Par une singularité tout à fait propre à la riche Angleterre la loi des pauvres (2), impôt foncier, taxe

comme un chef-d'œuvre, pour le temps où elles furent promulguées. (Gneist, t. 1, p. 279, 280.)

(1) La même remarque peut s'appliquer à l'*income tax*, impôt sur le revenu, qui par sa double catégorie d'habitants imposables participe des théories de l'impôt progressif. La déclaration de chaque citoyen sur la quotité de ses revenus est la seule base adoptée pour la fixation de l'*income tax*.

(2) L'administration locale des pauvres est confiée à des bureaux de gardiens (*guardians*) élus, placés sous la surintendance d'un bureau central de commissaires siégeant à Londres. Le président du bureau de la loi des pauvres (*poor law board*), bureau qu'on peut considérer comme un véritable ministère, fait partie aujourd'hui du cabinet et par suite du conseil privé. Un des secrétaires de ce bureau

quasi-socialiste, est précisément le point de départ et l'école de l'administration anglaise.

La qualité d'imposé à la taxe des pauvres, qui sert de base à l'assiette de presque tous les impôts, confère un grand nombre de droits; parmi ceux qui paient cette taxe sont choisis tous les administrateurs et tous les électeurs locaux du comté, divisé en paroisses. L'administration et l'entretien des écoles sont confiés à ces mêmes personnes qui, réunies en comités indépendants, dirigent sans circulaires d'aucun ministre toutes les affaires intellectuelles, morales et matérielles des établissements d'instruction commis à leurs soins. Ces comités bâtissent, achètent ou empruntent, selon les ressources ou les besoins. Les Anglais consacrent volontairement beaucoup de temps et d'argent à ces écoles, qu'ils cherchent sans cesse à multiplier.

siége au Parlement. C'est le service le plus centralisé de l'Angleterre. Les gardiens, les *overseers* et les administrateurs locaux sont élus par les propriétaires de la paroisse. Les électeurs, selon l'importance de leur revenu imposable, peuvent disposer d'une voix au moins et de six voix au plus. Ces administrateurs ne touchent pas de traitement; les juges de paix des comtés leur sont adjoints *ex officio*. Les paroisses se réunissent et forment presque toutes des groupes appelés Unions; les unions de paroisses sont facultatives. (Franqueville, *passim.*) Ce fut en 1817 que la taxe des pauvres s'éleva au chiffre le plus élevé, 9,320,000 livres sterling; en 1858 le chiffre de cette taxe s'éleva à 8,188,000 liv. st. (Gneist, t. I, p. 506.)

Chacun sait que les shérifs, proposés par les juges de paix, sont investis de leur charge par une nomination fictive du souverain, et que le lord lieutenant du comté, grand propriétaire, souvent choisi parmi les pairs et généralement pour toute sa vie, est à la fois le chef de la milice et de la magistrature. C'est le lord lieutenant qui présente au choix du lord haut-chancelier les juges de paix, appelés magistrats. Il nomme aussi le *clerk of peace*, c'est-à-dire le greffier, secrétaire général des justices de paix et gardien des archives du comté; en dehors des fonctions subalternes, c'est le seul emploi local qui soit rétribué (1). Du reste, la position de lord lieutenant est presque une sinécure. Chaque juge de paix a son greffier particulier. Les fonctions des shérifs, comme celles des *coroners*, anciens agents directs de la couronne, furent peu à peu absorbées dans celles des juges de paix. Les attributions et le pouvoir de ces *magistrates* ou juges de paix ont toujours été en augmentant, à ce point qu'ils forment en quelque sorte maintenant l'âme et la base des institutions anglaises. Les juges de paix, pris parmi les propriétaires fonciers possédant un revenu annuel de 2,500 francs au moins, se trouvent par le fait inamovibles, si ce n'est à la mort du souverain, et ne peuvent être assimilés que de fort loin aux maires de nos com-

(1) Le *clerk of peace* reçoit 30,000 francs par an sur les fonds du comté.

munes. Leurs fonctions toutes gratuites, extrêmement étendues et variées (1), sont à la fois administratives, judiciaires et financières. On a, en Angleterre, une façon très particulière d'entendre la séparation des pouvoirs; lorsqu'un juge de paix trop surchargé ne peut plus suffire à ses fonctions, au lieu de partager ses attributions entre des administrateurs différents et spéciaux, on subdivise la circonscription de la justice de paix, et un nouveau magistrat vient dans un cadre plus restreint accumuler sur sa tête la multiplicité des fonctions les plus diverses. Dans la pratique des affaires, on évite par là du moins beaucoup de délais et bien des conflits. Tout retombe sur ces magistrats, depuis la direction des prisons et des maisons de fous, jusqu'à la fixation, au recouvrement et au contentieux des impôts, à la police et à une partie des attributions des ponts et chaussées, etc. Rassemblés en colléges de trois juges de paix (*petty sessions*), ils nomment à presque tous les emplois locaux; dans les réunions trimestrielles (*quarter sessions*), ils décident de toutes les questions administratives préparées ou soulevées dans les réunions précédentes. Les constables choisis par les juges de paix sont toujours aux ordres de ces magistrats pour la surveillance publique et pour l'arrestation des

(1) L'administration est gratuite, les dépenses qu'elle ordonne et les appointements des agents inférieurs sont toujours payés sur les fonds locaux.

délinquants; ils sont indemnisés sur les fonds des comtés, et tout le monde peut être requis comme constable (1).

C'est dans ces réunions des *petty sessions* et des *quarter sessions* que se montre concentrée la gestion des affaires provinciales de toutes sortes. C'est là qu'il faut étudier la pratique du gouvernement local des Anglais et les mœurs politiques de ce peuple taciturne et affairé qui passe sa vie à voter, à juger et à discourir sans relâche. Par des combinaisons diverses, le jury, les juges de paix, les conseils de paroisse, les gardiens de la loi des pauvres et les cours de justice ambulatoires, se trouvent tour à tour mêlés ou distincts, selon les différentes affaires que ces pouvoirs locaux ont à traiter; car ce sont de véritables pouvoirs indépendants et responsables qui administrent, et non des administrations sans responsabilité qui appliquent des règlements hiérarchiquement transmis et communiqués par un pouvoir supérieur.

Il y a quelques différences dans les fonctions des

(1) Un corps de constables réguliers a été dernièrement établi en Angleterre. Cette sorte de gendarmerie cantonale est payée pour les trois quarts par les comtés, et pour un quart par l'État; elle est sous les ordres immédiats et soumise à la juridiction directe des juges de paix dans le cas où ces constables négligeraient ou outrepasseraient leurs attributions. De telles conditions suffisent à préserver cette institution nouvelle des inconvénients de la centralisation que les Anglais redoutent. (Gneist, t. II, p. 814.)

juges de paix d'Écosse ou d'Irlande; mais les caractères principaux de l'institution y sont conservés, notamment la confusion des pouvoirs. Ainsi, en Irlande, lorsque se réunit le grand jury composé de tous les juges de paix et d'un certain nombre de contribuables, les premières séances sont réservées pour l'administration des routes, des ponts, des prisons, des poids et mesures, de la police, de la milice, des finances, de l'assistance publique, etc., etc. ; et les dernières séances sont consacrées au jugement des affaires criminelles. Pour des administrateurs sans appointements, il faut avouer que c'est beaucoup de besogne, et néanmoins la besogne, dit-on, est bien faite.

Les mêmes données se font remarquer dans l'organisation de la paroisse, subdivision des comtés (1) à la fois politique, administrative et religieuse. Les personnes qui résident sur les paroisses sont partagées en deux classes : d'une part les paroissiens, nom sous lequel se trouvent compris les contribuables qui paient les taxes paroissiales; et de l'autre les simples habitants non imposés à la taxe des pauvres. Les

(1) Les bourgs forment une administration séparée des comtés où ils se trouvent situés ; ils sont administrés par un maire, *mayor*, et un conseil communal absolument indépendants du pouvoir central. Il y a en Angleterre cinq cent quatre-vingts bourgs soit parlementaires, soit municipaux. (Franqueville, p. 463 et 525.)

paroissiens réunis composent le *vestry*, conseil de fabrique (littéralement *sacristie*), où, selon la quotité de ses revenus, une seule et même personne peut faire valoir jusqu'à six voix au scrutin. Un secrétaire payé sur les fonds de la taxe des pauvres est attaché au vestry.

Dans les attributions du vestry ou conseil de fabrique est compris naturellement tout ce qui regarde le temporel de l'Église, tel que culte, cimetière, etc. Pour l'élection du sacristain, les femmes sont admises à voter. Le secrétaire du vestry prépare les listes électorales, les listes de jurés, et assiste les juges dans leurs sessions. Le vestry est chargé aussi de l'éclairage des rues et de l'administration des grandes routes, pour l'entretien desquelles il fixe la taxe. Il achète des terrains et des matériaux, et nomme des surveillants non salariés. Ces surveillants sont responsables et passibles, en cas de négligence, d'une amende de 137 fr. 50 c., et même exposés à se voir condamner à payer une somme égale à la dépense nécessaire pour faire les réparations aux chemins détériorés.

Les juges de paix participent à l'administration des routes et exercent, sur la voirie en général et les ponts en particulier, une sorte de surintendance; car ils tiennent de huit à douze fois par an de petites sessions spéciales pour les affaires relatives aux ponts et chaussées. L'administration locale se trouve donc ainsi confusément, mais pratiquement concentrée dans les mains du conseil de fabrique des paroisses (vestry), autorité élue, et dans celles des juges de paix, autorité supérieure, et en quelque sorte personnelle et viagère.

Les juges de paix ont de nombreuses fonctions correctionnelles et judiciaires. Il suffit d'un seul d'entre eux pour juger une cause et porter une condamnation, qui n'entraîne que l'amende ou six jours de prison au plus; ils peuvent aussi ordonner en certains cas des visites domiciliaires. Une grande latitude est laissée à l'initiative, aux décisions et à la jurisprudence paternelle des juges de paix.

En 1817, après l'insurrection du Derbyshire, on appliqua avec rigueur les lois sur la presse. « Une circulaire de lord Sidmouth (Addington) informe les « juges de paix, dit M. Erskine May, que les hommes « de loi ou jurisconsultes de la couronne sont d'opinion « qu'un juge de paix a le droit de faire arrêter et « emprisonner toute personne incriminée, sous ser-« ment, d'avoir pubilé, distribué ou répandu un « libelle blasphématoire ou séditieux. Le ministre, en « conséquence, conseille aux juges de paix d'agir « d'après cette opinion.

« La légalité de cette jurisprudence et de ce droit, « ainsi que celle de la circulaire ministérielle, fut « mise en question au parlement; on accusa le minis-« tère d'empiéter sur le pouvoir législatif et judiciaire « d'une part, et de l'autre de porter atteinte au libre

« arbitre et à l'indépendance des juges de paix en « matière de justice (1). »

Mais, néanmoins, ajoute M. Erskine May (2), les attributions de la justice sommaire ont été étendues, ce qui, dans la pratique, a amené les plus heureux résultats, quoique ce principe de jurisprudence, qui exclut le jugement par jury, ne doive être accepté qu'avec la plus grande réserve.

L'application de cette justice sommaire ayant été confiée aux magistrats (juges de paix), l'influence locale de ces derniers et le système de la décentralisation se sont encore fortifiés de nos jours.

Mais on doit aussi ne point perdre de vue qu'en ce pays, il n'y a point de hiérarchie administrative ; tout administrateur ou fonctionnaire y est indépendant et personnellement responsable de tous ses actes ; il peut être toujours attaqué devant les tribunaux ordinaires ; en outre, une presse intelligente veille sur tous ses prodédés (3).

(1) Erskine May, t. II, p. 188, 189

(2) T. II, p. 605.

(3) Il y aurait une question importante à étudier ; comment l'impôt est-il recueilli et transmis au gouvernement en Angleterre ? Quelle est l'importance de la portion des impositions qui reste dans les comtés au lieu d'être centralisée au ministère des finances, comme en France, pour revenir dans les départements sous forme de dépenses ou de subventions ? etc. Cette question pourrait faire l'objet d'un travail spécial et intéressant.

Du premier coup d'œil on peut voir combien nous aurions de progrès à faire avant de nous trouver dans les conditions favorables qui permettent à l'Angleterre de profiter paisiblement des avantages du *self government* le plus développé. Les Anglais, instinctivement inflexibles et méfiants dans la défense de leurs droits locaux, ne possèdent pas de livre sur l'*Esprit des lois*, mais ils ont eu de tout temps l'esprit de ne pas se laisser appliquer les lois par d'autres que par eux-mêmes. Ils se regardent tous comme personnellement chargés de ce soin et ne consentent sous aucun prétexte à s'en voir aucunement dépouiller. Le plus mince citoyen imposé prétend être pouvoir exécutif en ceci, sur le coin de terre britannique ou colonial qu'il habite. L'art de se passer, presque en tout, du gouvernement, dans l'administration intérieure d'un pays, est le vrai secret comme la vraie difficulté de la décentralisation. On ne saurait s'empêcher de reconnaître la vérité de ce principe, bien que l'application immédiate n'en puisse pas être proposée dans l'état actuel de nos institutions.

II

Les différences essentielles qui existent entre les administrations locales ou municipales de la France et de l'Angleterre, se font également remarquer dans l'organisation des jurys et des tribunaux des deux pays. Les juges de paix anglais sont chargés de la formation des jurys qui se réunissent à l'époque des sessions des cours judiciaires, appelées cours de comté, cours de circuit, et qui, tant au civil qu'au criminel et au correctionnel, concourent à presque toutes les opérations des tribunaux ordinaires. Deux juges de paix suffisent à former tous les huit ou quinze jours une cour de petites sessions; réunis plusieurs ensemble, ils composent des colléges ou cours de sessions trimestrielles (*quarter sessions*) se réunissant quatre fois par an. Les cours des petites sessions (*petty sessions*) ugent, avec l'assistance du petit jury, les accusés dont le grand jury a prononcé la mise en accusation. Certaines causes sont instruites par les juges de paix seuls, et le jugement est réservé au jury.

Les juges anglais rétribués formant les cours ou tribunaux ambulatoires qui parcourent le royaume, quoique peu nombreux, suffisent à leur tâche. De tous les jugements des cours de comté ainsi que des décisions prises par les autres tribunaux de différents degrés, il peut être appelé devant la Chambre des lords, qui a le pouvoir, soit de casser le jugement, en renvoyant l'affaire devant une autre cour, soit de trancher le fond même du procès (1).

En outre, grâce à une particularité de la jurispru-

(1) Soixante-quatre causes ont été portées en 1861 devant la Chambre des lords.

dence anglaise, on peut en appeler aussi des arrêts portés par les cours de la loi commune, qui prononcent suivant la lettre même de la loi, à des cours dites Cours d'Équité, parce qu'elles jugent selon les principes de l'équité, sans être astreintes à se conformer au texte de la loi (1). Telles sont les cours où siégent le chancelier et ses trois vice-chanceliers.

Du reste, le code judiciaire anglais est bien inférieur au nôtre ; mais la liberté sous caution, la loi d'*habeas corpus*, et le peu de durée de la prison préventive, sont d'inappréciables avantages. L'unanimité exigée des jurés, l'avis donné au prisonnier, toujours réputé innocent jusqu'au jugement, de veiller sur ses paroles, dont chacune pourra être interprétée contre lui, témoignent du caractère paternel de la magistrature anglaise, qui ne montre pourtant dans l'exercice de son ministère ni fausse sensibilité, ni indulgence exagérée.

Mais ce qui forme le trait saillant de la magistrature britannique, c'est l'étendue de ses attributions civiles et politiques, son inamovibilité et l'indépendance absolue qui se révèle dans la formule pleine de fierté du serment que prête chaque juge. La cour de chancellerie

(1) La double juridiction du droit et de l'équité, dont les limites ne sont rien moins que précises, n'est pas, selon lord Brougham, exempte de graves inconvénients. (Lord Brougham, *la Constitution anglaise*, p. 357.)

a le droit de casser les patentes royales qui seraient contraires à la loi. Les tribunaux ordinaires sont investis de tous les droits judiciaires qui incombent chez nous aux conseils de préfecture et au conseil d'État. Il n'y a pas dans l'empire britannique de justice administrative spéciale. Aucun Anglais, quelle que soit sa position, ne jouit des priviléges de juridiction qu'en notre pays d'égalité possèdent nos innombrables fonctionnaires. La magistrature anglaise par sa grandeur, par son indépendance et par l'extension de ses pouvoirs, rappelle nos anciens parlements; elle est le paladium aussi bien des droits politiques que des droits civils des citoyens.

C'est de longue date, en France, que la puissance exécutive, résolue à ne pas se laisser entraver par le pouvoir judiciaire ou par le pouvoir représentatif, s'avance vers la centralisation et l'omnipotence au moyen de la rigoureuse séparation des pouvoirs. En effet, nos rois, poussés par la nécessité peut-être, ont su, au profit de leur autorité, opposer les états généraux aux parlements et diviser soigneusement ces deux institutions. D'une part, sans guides, sans traditions et sans connaissances judiciaires et administratives suffisantes, les députés aux états généraux se montraient timides ou chimériques, inexpérimentés et inhabiles aux affaires; ils se perdaient dans de vaines discussions, dont la cour et le parlement se plaisaient à faire ressortir l'incurable inefficacité; d'autre part, les parlements se permettaient souvent des empiétements politiques et des résistances mesquines et intéressées. Le pouvoir royal les arrêtait soit par un lit de justice, soit par l'exil, et les accusait d'empiéter sur les attributions de la couronne ou des états généraux, qu'on ne convoquait au reste que dans les dernières extrémités. La magistrature anglaise au contraire, dont le chef préside la Chambre des lords, a conservé le droit de juger toutes les difficultés qui peuvent survenir dans les rapports entre les particuliers et la puissance exécutive.

Bien qu'il soit difficile de ramener en quelques mots à une théorie unique les obscurités, les changements et les contradictions qui se rencontrent dans une longue période des annales de deux grands pays, on peut néanmoins essayer d'établir une distinction historique entre le pouvoir parlementaire et le pouvoir représentatif. En Angleterre, l'autorité royale ne fut jamais absolument illimitée; il y existait un pouvoir parlementaire longtemps avant qu'il y eût un pouvoir représentatif. Jusqu'au treizième siècle, le parlement anglais, uniquement composé de membres non élus (1), siégeant de leur plein droit personnel, exerçait néanmoins, outre la suprématie judiciaire, les importantes prérogatives du contrôle et de la discussion des actes

(1) Les évêques et les abbés qui siégeaient alors au parlement avec les barons étaient généralement élus par le clergé, mais ne pouvaient être considérés comme les représentants du pays.

de la couronne. A partir du treizième siècle, des chevaliers élus représentant les comtés, puis les députés nommés par les bourgs et par les villes, se virent admis aux discussions du parlement. Ce fut l'introduction de l'élément représentatif au sein du pouvoir parlementaire. Ces deux éléments, confondus pendant assez longtemps, se séparèrent à une époque encore indéterminée. Deux chambres dinstinctes formèrent la base définitive du gouvernement anglais, après la victoire irrévocable du parlement sur le pouvoir rival du conseil privé, qui pendant quatre siècles avait été l'instrument du despotisme de la couronne.

En France, à l'avénement des Capétiens, chaque seigneur féodal avait sa cour de justice; le roi eut la sienne. Cette cour se remplit des barons du duché de France et du comté d'Orléans ; ce fut l'origine du parlement de Paris. Ce parlement vit peu à peu accroître son importance et posséda, comme le parlement anglais, des droits politiques étendus, bien que presque toujours combattus ou contestés. Le droit de remontrance, par exemple, et celui de l'enregistrement des édits royaux et des impositions étaient, pour le temps, des prérogatives considérables qui limitaient la puissance du souverain.

Cette antique institution pouvait devenir le principe d'un grand développement des libertés publiques, ainsi que l'origine d'une chambre haute qui aurait influé beaucoup sur les destinées du pays. La composition même du parlement de Paris n'était pas sans analogie avec celle du parlement anglais. Les principaux seigneurs terriens, certains évêques, les pairs, les princes du sang royal, siégeaient de plein droit parmi les membres d'une magistrature dont l'indépendance était garantie par l'inamovibilité, par l'hérédité et par l'abus même de la vénalité des charges. Cette auguste assemblée était toujours appelée à prendre part aux grandes affaires du royaume.

Si l'élément représentatif des états, même rarement convoqués, et le pouvoir parlementaire français avaient commencé par se confondre et par s'unir comme en Angleterre, les fondements primitifs d'uu gouvernement libre étaient posés. Les germes s'en fussent probablement développés. Mais en France un antagonisme invétéré et des rivalités invincibles séparaient des parlements les états généraux aussi bien que les états provinciaux. L'alliance de ces deux éléments politiques importants eût pu opérer la transition du gouvernement absolu au gouvernement représentatif et parlementaire beaucoup plus tôt et sans un bouleversement général. Deux assemblées puissantes et distinctes, modifiées selon les temps, se seraient infailliblement formées et nous auraient vraisemblablement donné pour toujours ces institutions constitutionnelles dont un destin contraire semble ne nous laisser jouir un instant que pour nous les ravir aussitôt.

III

L'organisation politique anglaise est simple et exempte de la complication d'engrenages hiérarchiques dans laquelle nous paraissons nous complaire. Il n'y a point là d'institutions provinciales échelonnées, ni de degrés intermédiaires entre les bourgs ou les comtés et le parlement, qui sert de lien central à l'ordre judiciaire, à l'administration et aux pouvoirs locaux. La puissance presque illimitée des chambres représentatives s'applique à l'expédition des affaires administratives et politiques, à la surveillance de toutes choses comme à la législation. Mais cette puissance elle-même s'est imposé d'étroites limites, lorsqu'elle a porté sur le gouvernement local (*local government act*, 1858) une loi tendant à l'uniformité plutôt qu'à la centralisation. Le premier principe de cette loi est que les localités sont absolument maîtresses de l'appliquer soit en totalité, soit en partie, ou même de n'en tenir aucun compte; si, après l'avoir adoptée, les résultats ne semblent pas satisfaisants, les localités peuvent revenir sur cette adoption. Mais il faut reconnaître que les Anglais, loin d'abuser de ce respect scrupuleux de leur législation pour les intérêts de clocher, savent dominer l'égoïsme de l'intérêt local et s'abandonnent volontiers au mouvement patriotique et national qu'imprime au pays le parlement britannique.

Le pouvoir exécutif n'a que peu ou point de représentants dans les provinces, parfois seulement il envoie quelques rares agents parcourir les comtés pour inspecter certains services spéciaux. A Londres, même, les employés du gouvernement central ne sont guère plus nombreux, et l'on n'y voit pas de ces vastes édifices que nous nommons ministères. « Presque toutes « les administrations sont réunies à Whitehall dans « un même bâtiment dont la vue seule est plus éloquente que tous les discours (1). »

En revanche, on ne peut que difficilement se faire une idée de la somme énorme du travail accompli par le parlement dans les sessions annuelles qui sont relativement assez courtes. Les comités de la Chambre des communes sont écrasés par les innombrables affaires qu'ils doivent étudier et décider, sous forme de pétitions, de bills privés et publics, c'est-à-dire d'intérêt local ou général. Dans les attributions de ces comités sont compris les canaux, les routes, les compagnies commerciales, les brevets d'invention, les travaux publics, aussi bien que l'examen des dépenses et des impositions. Le tout présente une montagne de documents : livres bleus, plans, mémoires, interrogatoires, manuscrits ou imprimés, etc., etc. L'on doit observer en outre que la plupart du temps une même affaire est reproduite cinq fois aux Communes et trois fois à l

(1) Franqueville, page 311.

Chambre des lords. Toute l'administration, dans son application quotidienne, passe ainsi par les mains du pouvoir législatif, depuis les plus hautes questions jusqu'aux plus minitieux détails.

Les journées des membres des Communes se trouvent absorbées par les comités ou par les commissions; leurs soirées et une partie de leurs nuits sont consacrées aux grandes discussions de la Chambre réunie ; d'heure en heure le travail se succède pour eux sans relâche, et nul membre des Chambres n'est certain de pouvoir aller chez lui prendre le repas du soir. D'après l'ordre habituel de ses séances, le parlement n'est assuré de dîner que deux fois par semaine, le mercredi et le samedi. Aussi recherche-t-on tous les moyens d'apporter quelques adoucissements à de si grands travaux. On a imaginé, pour le plus grand *comfort* des membres du parlement, d'établir entre Westminster, les principaux clubs et les couloirs de l'Opéra, un télégraphe électrique rendant incessamment compte de la marche de la séance, afin qu'il soit possible d'accourir à temps pour voter ou pour entendre un discours intéressant. Mais il y a des noms magiques auxquels ne résistent point les graves législateurs d'Albion. Le Derby, à Epsom, au printemps, le Grouse shooting en Écosse, au 12 août, font proroger le parlement d'un jour, ou en amènent la clôture définitive.

Si dans les Chambres anglaises s'amoncellent des masses inextricables de documents imprimés ou manuscrits, dans l'administration locale, au contraire, la plupart des affaires sont traitées et décidées de vive voix; à peine faut-il écrire quelques mots dans des formulaires ingénieux, imprimés d'avance. Au milieu de la multiplicité de leurs occupations judiciaires et administratives, les *gentlemen* de province ont réussi à échapper aux envahissements des écritures; ils savent qu'un sûr moyen d'éloigner des affaires locales les personnes aisées du pays, c'est l'abus des pièces écrites.

On se demandera sans doute comment les juges de paix anglais parviennent à suffire aux différentes exigences de leur situation. C'est que l'autorité de chaque juge de paix s'étend à tout le comté (*pervades the whole county*), et que ces juges de paix ayant toujours le droit de se réunir, les capacités spéciales ou supérieures de chacun d'eux sont mises en réquisition par tous les autres. Chaque habitant peut, d'ailleurs, selon sa confiance et son intérêt, s'adresser à l'un ou à l'autre des juges de paix du comté. En France, également, bien des difficultés administratives seraient aisément surmontées si tous les maires d'un canton pouvaient se grouper et se venir mutuellement en aide.

Le gouvernement local et la décentralisation administrative sont néanmoins favorables en Angleterre à une puissante unité politique. Il n'y règne entre l'administration et la représentation ni ce dualisme ni cet antagonisme qui rend si difficile la pratique des formes parlementaires et représentatives. Un lien permanent et serré unit ensemble chez les Anglais le corps électoral, l'administration et la représentation, car, bien que séparées en théorie, ces diverses forces politiques se trouvent par le fait concentrées dans les mains des mêmes personnes. Les nombreux juges de paix de l'Angleterre ne siégent pas tous au parlement, mais la plupart des membres du parlement sont ou ont été magistrats dans leurs paroisses ou leurs comtés.

Les juges de paix, les marguilliers des paroisses, les administrateurs de la taxe des pauvres, maîtres responsables, mais indépendants, de l'administration provinciale, de la répartition des impôts et des pouvoirs judiciaires du premier degré, sont élus les uns par les autres. Ils pèsent d'un grand poids sur le choix des représentants du pays qui administrent dans le parlement comme eux-mêmes administrent dans leurs comtés. Les représentants désignent, pour ainsi dire, les ministres, qui, à leur tour, tout en respectant le souverain, le dirigent inévitablement. Les représentants ont sur les cabinets l'influence que chacun sait; ce qui n'empêche pas l'empire britannique de profiter des incontestables avantages et de l'influence monarchique. Dans ces conditions, les corruptions électorales n'intéressent qu'indirectement la couronne et le gouvernement, qui doivent être toujours jaloux cependant de sauvegarder la moralité publique. Aussi en Angleterre les conservateurs sont-ils progressifs, et l'opposition n'est-elle pas inévitablement entraînée à jeter de perpétuelles entraves dans la marche d'une administration et d'un gouvernement auxquels elle prend une part active. Quand les députés anglais attaquent l'administration, ils peuvent être prudents et exigeants à la fois, car l'administration c'est eux-mêmes. Sur le continent, une conduite contraire est généralement adoptée. Pour prouver sa force et ses mécontentements, l'opposition en est réduite à attaquer les gouvernements sans relâche, et, de leur côté, les majorités conservatrices font à la défense du gouvernement établi des sacrifices pénibles, mais qu'elles croient nécessaires. Parfois même le zèle indiscret d'imprudents amis du pouvoir voudrait appliquer les exigences de la centralisation à la conduite des assemblées, et poser l'adhésion perpétuelle des représentants à tous les actes de ce pouvoir comme la véritable fonction de la représentation élective. A ce prix seulement, ils admettent la possibilité du maintien de l'ordre et du respect de l'autorité.

Ce n'est pas un des moindres inconvénients des formes parlementaires détournées de leur sincérité, car il y a deux manières d'être battu dans une assemblée. On peut être, soit *out voted,* soit *out debated,* c'est-à-dire, dans le premier cas, être battu par les votes opposés, ce qui est clair, et, dans le second cas, être vaincu dans l'opinion publique par l'effet des débats, bien que l'on reste vainqueur par la majorité des voix. Ce qui induit souvent le pouvoir dans de graves erreurs, c'est le danger des chambres introuvables. Aussi un bon premier ministre parlementaire doit-il presque continuellement avoir la tête aux fenêtres du parlement, pour voir ce qui se passe au dehors, tandis qu'au dedans il reçoit et pare de son mieux les coups et les attaques de ses adversaires ou même de ses amis (1).

Mais en Angleterre il y a moins de danger que chez nous de voir une majorité se séparer du pays. La vie politique des Anglais étant avant tout la vie administrative, qui donne le mouvement au plus petit bourg comme au parlement, et tout le monde, l'opposition

(1) En étudiant la pratique de la Constitution anglaise, on trouve des exemples pour tout. Ainsi « sir Robert Peel et le duc de Wellington, premier ministre, préférant, dans la question d'Irlande, leurs devoirs envers le pays à leurs obligations de parti, résolurent subitement, à la consternation et au scandale des tories, de rapporter et d'effacer immédiatement l'incapacité civile des catholiques. » (Erskine May, t. II, p. 55.) De même, en 1845 et 1846, sir Robert Peel, pour faire passer son bill de la réforme de la loi des céréales, quitta et reprit son portefeuille et la présidence du cabinet, et ne craignit pas, en présence d'un « parlement protectionniste, d'abandonner complètement la politique de protection. » (Erskine May, t. II, p. 72.) Cette conduite, pleine d'ailleurs d'inconvénients, est tout à fait en dehors des règles ou des traditions parlementaires, et, bien qu'elle parût alors rendue nécessaire par la pression d'une partie des intérêts les plus considérables du pays, elle n'en fut pas moins jugée et appréciée sévèrement. On peut voir le jugement porté là-dessus par M. Guizot dans la *Vie de sir Robert Peel* par M. d'Israëli, par M. Erskine May.

comme la majorité, se trouvant préoccupé d'administration, l'initiative parlementaire est sans inconvénients et ne risque guère de désorganiser les services publics ou d'y apporter un trouble profond. Dans ces conditions, les grandes questions politiques perdent de leur violence. Elles peuvent s'ajourner et sont sainement jugées par des hommes qui, sortis, soit de la majorité, soit de l'opposition, se verraient chargés d'appliquer les changements ou les nouveautés, et qui seraient les premiers à en subir les conséquences. Mais aussi, lorsque le jour des réformes est arrivé, le pays est prêt à les supporter sans désordre. La question est étudiée et mûrie si universellement et depuis si longtemps, qu'il n'y a plus ni vainqueurs ni vaincus.

Ces luttes, ces sacrifices ou ces compromis entre le gouvernement, les majorités et les oppositions, s'appellent en France la guerre, en Angleterre le jeu des partis. En ce dernier pays, les partis se composent de gens habiles au point de savoir tour à tour prendre en main le pouvoir, sans jamais renverser le gouvernement. Ah! la bonne chose que de tels partis qui administrent d'une main et combattent de l'autre! Nous en ferions bien autant, mais la centralisation nous laisse les deux mains pendantes, et libres seulement de se livrer à toutes sortes de *mischiefs* inconstitutionnels. Quoi qu'il en soit, fasse le ciel qu'il y ait toujours des partis parmi nous! Les partis anciens ou nouveaux sont la sauvegarde du faible. Quoi de plus sincère et de plus dévoué que le zèle et l'intérêt qu'ont les mécontents en disponibilité à soutenir tous les opprimés et à réclamér le redressement de tous les abus? C'est bien à tort que les heureux et les puissants se révoltent contre certains maux utiles et nécessaires. La douleur elle-même a ses bons côtés. Sans elle nous ne saurions vivre. C'est souvent le cri sauveur de la nature qui nous avertit impérieusement de veiller à notre conservation menacée. Les gouvernements n'ont pas toujours raison de maudire les cris et les plaintes des partis, interprètes parfois malencontreux et tracassiers du pays qui souffre fréquemment en certains points, comme tout ce qui tient de l'humanité. Ne peut-on nous laisser la consolation de croire que nous aussi nous aurons été bons à quelque chose parmi nos contemporains? Tout en nous plaignant, nous respectons les lois. Faute de pouvoir rendre d'autres services, du moins ne sommes-nous pas l'expression légale de la douleur du pays?

Où en serions-nous aujourd'hui, si depuis quatre-vingts ans il ne s'était pas toujours trouvé à point nommé un parti ou l'autre pour servir d'organe aux réclamations justes et pour débattre avec ardeur le pour et le contre des questions? Il ne faut pas trop compter sur la clairvoyance ni sur le désintéressement platonique de ceux qui résident en paix dans les régions sublimes et sereines du pouvoir non contrôlé. Les habitants des demeures olympiennes s'imaginent fort à leur aise que tout est suffisamment bien ici-bas, et s'étonnent de l'ingratitude qui récompense leurs efforts et leurs labeurs paternels. Dans leur universelle sollicitude, ils se donnent beaucoup de souci pour corriger tous nos défauts et régler toutes nos affaires. Mais les brebis doivent-elles une grande reconnaissance à ceux qui prennent de la peine pour les tondre, ainsi qu'au chien vigilant qui se fatigue pour les empêcher d'errer dans les pâturages prohibés ?

Toutefois on ne saurait nier que certains partis, voulant surtout se trouver libres d'être les maîtres, ont parfois outrepassé leur mission; pour combattre des incendies partiels, ils ont amené souvent l'inondation générale. Mais enfin nos existences et notre pays sont restés saufs; les digues peuvent être relevées, et les champs sont prêts à porter des moissons nouvelles. Quant à ceux qui, pour nous rendre quelque indépendance, nous renvoient aux calendes de la parfaite sagesse, ou de l'unanime et fraternel accord de tous les Français, il semblerait qu'ils veulent railler. Nous serons tous morts bien avant l'avénement de cet âge d'or. L'unanimité absolue, cette centralisation des opinions, ne se rencontre que dans le silence forcé ; mais tout ce qui vit et se meut sur la terre, depuis le moucheron qui bourdonne jusqu'au lion qui rugit, ne saurait se taire longtemps.

Qui sont-ils donc au reste ces vainqueurs, comme ces vaincus du moment, sinon des partis qui portent dans leur sein leur part plus ou moins grande de vérités, d'erreurs et d'illusions? Pour que l'illusion et l'erreur aillent s'effaçant par degrés et sans luttes sanglantes, ne doit-on pas s'efforcer d'obtenir l'équilibre des partis, bien plutôt que la destruction ou la victoire complète de l'un d'eux? il les faut tous précieusement conserver pour le jour prochain ou éloigné de la liberté non exclusive et vraiment libérale, comme en Angleterre.

IV

La sagesse pratique des Anglais, fondée sur une décentralisation ingénieuse, proclame, comme on l'a vu, la distinction des pouvoirs, mais elle les réunit et les confond presque tous sur les mêmes têtes. Cette combinaison semble jeter quelque trouble dans la doctrine qui exige, comme principale et indispensable condition d'un gouvernement libéral, la séparation absolue des pouvoirs législatif, exécutif et judiciaire. C'est à juste titre qu'on a toujours évité de mettre au même rang le pouvoir administratif, qui pourtant n'est pas le moins nécessaire de tous; car les peuples ne peuvent s'en passer un seul instant. Tant que l'administration subsiste, la société reste debout. Mais ce quatrième pouvoir ne peut posséder une vie propre et indépendante; ce grand serviteur du pays est destiné à se confondre avec l'une ou avec l'autre des grandes forces de l'État. Le pouvoir administratif sera-t-il confondu avec le pouvoir exécutif ou avec le pouvoir électif et législatif? Là se trouve le nœud de la question posée entre la liberté et la centralisation. La France et l'Angleterre font chacune une réponse opposée; mais l'examen du système politique des deux pays paraît mettre en lumière ce double principe, que le pouvoir proprement dit ne se partage pas, et qu'au fond, qui administre gouverne.

Il est inutile de se bercer de chimères. Comme le dit si judicieusement M. Gneist, « la possession d'un « parlement ne suffit pas à la liberté d'un peuple. » Ni le vote de l'impôt, ni même le contrôle des dépenses effectuées, quelque indispensables que soient ces garanties précieuses, ne suffisent à donner au pays une influence certaine et incontestée sur le gouvernement. Qui pourrait songer, dans un État régulier, à recourir au dangereux expédient du refus de l'impôt ou seulement d'une partie considérable du budget?

Incontestablement le mélange des pouvoirs est un des caractères particuliers de l'organisation intérieure de l'Angleterre. Les attributions des administrateurs locaux comme celles du parlement sont presque universelles. Le pouvoir judiciaire, dans la personne des juges de paix, se trouve confondu à sa base avec la puissance administrative et municipale; à son sommet, dans la Chambre des lords, il participe à la puissance législative. Enfin le corps entier de la magistrature rétribuée forme la clef de voûte de la Constitution et un véritable pouvoir politique. La compétence des tribunaux est sans limites; ils peuvent approuver ou condamner, non sur la question de droit, mais sur toute question de fait, chacun des actes du gouvernement et des agents soit royaux, soit municipaux, attaqués par un citoyen quelconque. Le pouvoir exécutif est seul préservé de toute participation à la confusion générale, par la raison qu'il est exclu de presque toutes choses.

M. Gneist remarque que certaines parties du gouvernement intérieur de l'Angleterre, telles que l'organisation de la police, de la justice, du jury, de la milice, etc., manquent de la base et du principea uxquels, selon les notion aujourd'hui acquises sur les libres institutions municipales, on attache une importance capitale, c'est-à-dire du droit d'élection (1). Mais, contrairement à cette opinion, une certaine confusion de pouvoirs, ainsi qu'une heureuse proportion entre les fonctions électives et celles qui ne le sont point, ne fournit-elle pas précisément la condition pratique du *self government?* Cette condition n'est-elle pas l'unique moyen d'échapper, en Angleterre ou ailleurs, aux conséquences funestes de l'absolutisme qui nomme à tous les emplois, et de la démocratie extrême fondée sur l'élection universelle pour toute espèce de fonction.

(1) Gneist, t. II, p. 965.

On sait que ce dernier système est le grand chemin de l'instabilité et du désordre, qui ramène inévitablement et sans longs détours au despotisme le plus complet. Nous nous bornons du reste à constater la confusion de certains pouvoirs en Angleterre, sans chercher à expliquer un fait évident et fécond en résultats utiles, quoique contraire en apparence aux principes admis. Mais en revanche, dirons-nous, qui ne connaît des pays où les pouvoirs sont si soigneusement divisés que la puissance exécutive est à elle seule souveraine?

Pour revenir au sujet spécial qui nous occupe, nous ferons remarquer qu'on a souvent posé contre la possibilité de la décentralisation une objection à laquelle l'Angleterre répond victorieusement. La grandeur excessive de notre capitale est présentée comme une cause et un effet irrémédiables de la centralisation exagérée. Paris est trop grand, dit-on; mais Londres serait-il une bourgade? C'est, au contraire, le plus grand centre commercial, politique, financier et maritime du monde connu; là se trouve la plus forte agglomération de richesses et de population qui se soit jusqu'ici formée. L'on y fait pourtant de la décentralisation en grand. La province vient à Londres chaque année gouverner l'Etat au sein du parlement. Il est vrai que : « Les commissaires et les agents de police de « l'immense capitale britannique ne peuvent prendre « part aux élections pour le parlement; il leur est défendu d'influencer les électeurs d'une façon quel-

« conque, sous peine d'une amende de 2,500 fr. (1) ».

Néanmoins la nation anglaise paraît persuadée que la liberté urbaine, mobile en ses élans, offre moins de sécurité que la liberté rurale, plus timide, mais plus tenace et plus dévouée au sentiment de la propriété. Ce principe, admis par tous, donne à l'Angleterre cette force de tempérament politique, qu'ont favorisée les diverses combinaisons de la décentralisation. En effet, lorsque, dans les classes moyennes ou aisées, presque tout le monde administre et juge, les caractères, rompus dès la jeunesse à la responsabilité administrative et personnelle, se forment vite à la pratique des affaires et au sentiment des réalités politiques. Quand, au contraire, la société est nettement divisée en deux catégories distinctes, dont l'une se trouve chargée de surveiller l'autre au nom d'un pouvoir supérieur; quand on ne peut trouver une place intermédiaire entre les surveillants et les surveillés, la situation devient trop tranchée pour qu'il ne soit pas malaisé à ces derniers de conserver un calme équitable et prudent. Si la modération est toujours difficile pour quiconque possède un pouvoir sans limites, elle ne l'est pas moins pour ceux qui ne possèdent absolument rien en ce genre. Aussi, les gouvernements, comme les oppositions, se trouvent-ils parfois dans des embarras également funestes; les alliances extrêmes auxquelles les uns et les

(1) Franqueville, p. 537.

autres se résignent, sont dangereuses, surtout en un temps remarquable par la fragilité et le rapide affaiblissement des institutions politiques. Dans un système de centralisation excessive, les formes représentatives se trouvent placées comme une annexe étrangère, et comme un rouage qui ne peut, sans un frottement dangereux ou sans rupture, entrer dans le mouvement général d'un mécanisme que l'on a combiné dès longtemps en vue d'une société exclue de toute participation à l'administration et au gouvernement.

En de telles occurrences, la suppression de la liberté représentative par le despotisme se présente comme la solution la plus facile et la plus simple. Il y a longtemps que les amis du pouvoir absolu voient de mauvais œil les manifestations parlementaires. Pour dissuader le Régent de réunir les états généraux, le cardinal Dubois lui disait dans un mémoire curieux : « Quoiqu'un monarque soit le chef de ses sujets, l'idée « qu'il tient d'eux tout ce qu'il est et tout ce qu'il pos« sède, l'appareil des députés du peuple, la permission « de parler devant le roi, et de lui présenter des do« léances, *ont je ne sais quoi de triste*, qu'un grand « prince doit toujours éloigner de sa présence. »

V

Au reste, l'organisation anglaise, malgré les apparences extérieures, n'est pas exclusivement aristocraque. En effet, les combinaisons de l'administration locale ainsi que des formes électives et parlementaires comprennent et mêlent les unes aux autres toutes les classes suffisamment éclairées du pays. L'hérédité, la richesse et le talent y jouent un grand rôle, mais l'universalité des situations intermédiaires concourt aux affaires et contre-balance puissamment les influences supérieures. Il plaît à cette nation de jeter les éléments populaires et bourgeois de sa puissance dans un moule aristocratique en même temps que libéral. Aux classes élevées dont elle est fière l'Angleterre laisse le premier rang, mais les simples paroissiens de toutes positions, soumis à la taxe des pauvres, ce livre d'or des citoyens britanniques, administrent, votent, jugent et gouvernent aussi. Comme le remarque fort bien M. Erskine May (1), « depuis longtemps déjà les hommes de talent « sortis du sein du peuple étaient poussés aux positions « suprêmes. La noblesse territoriale aspirait rarement « à la première place dans la conduite des affaires. A « l'exception du marquis de Rockingham, chef reconnu

(1) La même remarque ne s'applique-t-elle pas à la France d'avant 1789 ? A ces questions posées par une brochure fameuse : Qu'est-ce que le tiers état ? — Tout. Qu'a-t-il été jusqu'à présent dans l'ordre politique ? — Rien. Ne pourrait-on pas substituer avec plus de justice cette autre question : Que n'était pas alors le tiers état ? L'administration tout entière, la magistrature, les ministères étaient en grande partie dans ses mains ; il entrait à l cour, dans la diplomatie et dans l'armée.

« du parti whig, et deux fois premier ministre, ainsi « que du comte de Shelburne, aucun chef de grande « famille aristocratique ne fut à la tête du cabinet, de- « puis la chute du duc de Newcastle en 1762 jusqu'au « ministère du comte Derby en 1852 (1). Même dans la « Chambre des lords d'éminents légistes et d'autres « hommes nouveaux prenaient la première place, tout « comme la direction des débats et des discussions (2). »

Il est certainement impossible de prétendre que l'Angleterre soit le temple de l'égalité; mais les Anglais se sentent assez de force pour ne pas redouter d'être écrasés par aucune supériorité, et ont assez d'orgueil pour échapper aux petitesses de la vanité. Persuadé qu'il est d'utilité publique de garder quelques points de résistance individuelle ou collective, ce peuple n'a point abattu les grands chênes afin que tout fût roseau. Le roseau plie toujours s'il ne rompt jamais comme le chêne, qui tout en rompant avec éclat signale du moins l'orage s'il n'y peut résister.

On a souvent admiré la symétrie logique et la précision métaphysique de l'esprit français dans toutes les combinaisons politiques; néanmoins, quand il s'agit de faire œuvre de liberté et d'énergie publique ou privée, qui l'emporte de nos voisins ou de nous? On

(1) Les ducs de Grafton et de Portland ne possédaient que la présidence nominale du cabinet.

(2) Erskine May, t. II, p. 87.

nous a souvent accusés aussi de ne savoir que le chant des cigales, et d'être peu capables du travail acharné, silencieux et avide de la fourmi britannique. Est-ce équitable? Il faudrait du moins reconnaître que les circonstances nous ont toujours été contraires. Jusqu'ici, par suite d'imprudences ou de nécessités successives et opposées, nous avons surtout songé, dans les moments d'épreuves, à armer nos maîtres. Mais malgré la vigueur du coursier, le pouvoir revêtu de la formidable et pesante armure de la centralisation est un cavalier trop lourd aujourd'hui. D'ailleurs, pour subsister, ce pouvoir ne se trouve-t-il pas dans la dangereuse nécessité d'être toujours, à lui seul, plus fort qu'un pays entier incessamment occupé à ronger son frein?

Les avantages de la centralisation et ceux de l'unité ont été fréquemment confondus à dessein. Pour nous, la France est forte et puissante, non point parce qu'elle est centralisée à l'excès, mais parce que c'est la France. La monarchie et l'administration ont fait notre pays ce qu'il est; mais ne sommes-nous pas bientôt majeurs? Dans le cas où on le reconnaîtrait, nous ne demanderions pas de comptes de tutelle. Le suffrage universel serait-il au contraire un grand et perpétuel mineur? Cette conquête se trouve-t-elle destinée, comme presque tous nos changements politiques, à fortifier et à roidir encore les ressorts multipliés de la centralisation? Car, loin d'avoir fait des progrès dans la voie de la décentralisation libérale, nous avons cheminé à grands pas dans la direction opposée, depuis le temps où M. Royer-Collard parlait contre ce qu'il appelait la *centralité*. Le mot, comme on le voit, s'est fort développé et la chose aussi.

Les amis de la tranquilité stagnante n'aiment pas à voir attaquer notre régulière et savante administration, qui seule a eu la gloire sans seconde de traverser intacte et respectée tous nos bouleversements. Ils pensent que pour la vie des nations l'autorité est le pain quotidien seul nécessaire, tandis que la liberté, c'est le vin trop généreux dont l'usage ranime les forces, mais dont l'abus peut aussi mener à l'ivresse. L'eau claire de l'abstention et de l'abdication politiques ou administratives suffit à ces ultrapacifiques qui, ne redoutant point l'atonie, consentiraient volontiers à se voir astreindre, par les combinaisons subtiles de la centralisation, au strict régime d'une société de tempérance politique. Laisser tout faire à l'État n'est point l'avoir pour serviteur, mais pour maître.

La liberté continentale, il est vrai, peut n'être pas le même que la liberté insulaire de l'Angleterre, mais ne saurait, malgré tout, être absolument l'opposé. Le temps présent nous impose la nécessité de lutter contre une difficulté presque insurmontable, c'est-à-dire celle de travailler pour la liberté avec les instruments de l'absolutisme. Néanmoins, il faut que tôt ou tard nous trouvions le moyen de sortir de ce cercle vicieux : qu'on ne peut décentraliser nos institutions, parce qu'il n'y a pas, en dehors des fonctionnaires, d'hommes propres à l'administration locale, et qu'on ne peut former d'hommes propres à l'administration locale, tant que les fonctionnaires la retiendront pour eux seuls. Et pourtant les administrateurs éclairés qui président aujourd'hui à nos destinées sortent-ils d'une autre race ou d'autres écoles que nous ?

Dans notre pays, à toute attribution élective ou administrative se rattache la vieille idée de l'immunité et du privilége. Sous le régime d'une véritable décentralisation, au contraire, pour tout agent, derrière chaque décision prise peut se cacher un procès, et dans chaque administré peut se rencontrer un accusateur ou un juge.

Aussi faut-il se répéter que, s'il n'y a pas de gouvernement représentatif et libre sans la responsabilité des ministres, de même il n'y a pas non plus de décentralisation applicable et effective sans que ceux qui administrent donnent à leurs concitoyens la garantie permanente d'une responsabilité personnelle et complète, devant les tribunaux ordinaires du pays. L'Anglais peut bien dire que la gratuité des fonctions provinciales et électives est son luxe et son orgueil ; pour nous, qui sommes moins riches, dans toute fonction le salaire est le droit, mais la responsabilité est l'honneur.

L'Angleterre, au reste, pays de suffrage restreint, est avant tout le pays de la responsabilité universelle. Le respect de ce principe de responsabilité a même été considéré jusqu'ici comme une raison déterminante et victorieuse contre l'adoption du vote secret aux élections. Ce mode de votation fut souvent proposé dans les discussions nombreuses qu'on a engagées sur la loi de la réforme électorale. « Mais l'argument le plus fort, « dit Erskine May (1), contre le scrutin secret en ma- « tière d'élection, est que toute fonction politique en « Angleterre se trouve exercée publiquement et sous « la responsabilité personnelle de chacun; que de « même tous les débats ou tous les votes du parlement « sont publiés pour l'information des citoyens; et que « par conséquent les électeurs ne sauraient à aucun « titre réclamer pour eux seuls une exemption à cette « loi générale de publicité et de responsabilité à la- « quelle sont soumis leurs représentants et ceux qui « gouvernent en leur nom. » En outre, la plupart des publicistes anglais pensent que l'effet pratique du scrutin secret est nul, et qu'en Angleterre ou ailleurs le vote clandestin n'est pas une garantie efficace contre la corruption ni contre l'intimidation électorales.

En résumé, l'étude de l'histoire de l'Angleterre pendant ces dernières années démontre que la décentralisation la plus complète ne nuit en rien à une puissante unité nationale et n'ôte rien à la vigueur d'un peuple ou d'un gouvernement. Dans l'espace de trente ans les Anglais ont opéré sans troubles des change-

(1) T. I. page 372.

ments équivalant presque à des révolutions. La réforme électorale de 1832, le bill de réforme des corporations municipales en 1835, le rappel de la loi des céréales, involontairement mais courageusement accepté par la propriété territoriale, qui se croyait ébranlée par cette mesure, furent d'utiles et considérables modifications. La réforme de la loi des pauvres, tout en secourant, grâce à de meilleures combinaisons, la misère, mais non l'oisiveté, soutint et releva les classe ouvrières moralement ainsi que matériellement. Cette même réforme dégreva et sauva la propriété menacée à ce point, « qu'en certaines paroisses le montant de la taxe des pauvres égalait presque la totalité du revenu des terres (1). » Enfin, une loi nouvelle a « rendu l'exercice du gouvernement local plus large, plus libéral et plus sincère. »

Aucune des dernières améliorations du système anglais n'a été opérée au détriment d'une judicieuse décentralisation. Lorsque ce système cherche à établir quelque uniformité dans les institutions locales et municipales, il s'arrête devant les avantages reconnus de certaines anomalies et de certaines contradictions. Ainsi, à l'époque de la promulgation de la loi sur les corporations municipales, l'existence et les privilèges de l'antique corporation de Londres furent exceptionnellement maintenus. De même le parlement a soi-

(1) Erskine May, t. II, p. 607.

gneusement conservé aux imposés la faculté d'accepter ou de rejeter l'acte sur le gouvernement local, et les paroisses demeurent libres de contracter ou de repousser les *unions de paroisses*, conseillées par la loi pour la meilleure administration de la taxe des pauvres. Ces grandes et difficiles réformes, tout en respectant scrupuleusement les droits locaux, ont démontré victorieusement la force des institutions décentralisées de l'Angleterre et la puissance réformatrice de soi-même par soi-même, que possède la Constitution britannique.

Les ouvrages de MM. de Franqueville, Gneist et Erskine May mettent bien en lumière les conditions, mais aussi les difficultés de la décentralisation et du *self government*. Nous ne nous laisserons pas décourager par ces difficultés, quoi qu'en semble penser M. Gneist lorsque, après avoir dit : « Le *self government* « est en un mot la base de la liberté individuelle « comme celle de la liberté politique, et ce système « donne la solution positive du problème de l'union « entre la société et l'Etat, » il ajoute : « Dans la « poursuite de cette solution l'Allemagne hésite et la France désespère (1). » Notre désespoir n'est point si profond ; grâce à leur caractère comme aux leçons de l'expérience, les Français ne désespèrent pas pour s peu. Depuis un demi-siècle, qui d'entre nous n'a pas

(1) Gneist, 1213, 1214, t. II.

vu triompher, pour un temps du moins, les idées qu'il défend ? Quelles sont les causes vaincues qui n'ont pas reparu victorieuses à leur tour ?

Ici nous approchons des limites du terrain défendu à la polémique et réservé aux maîtres de la parole et de la science politique que le pays a investis du droit de tout dire à certains jours ; c'est l'occasion de se rappeler ce vers satirique :

Dat veniam corvis, vexat censura columbas.

Mais néanmoins, pour se faire, en passant, une idée de la tendance toujours croissante de l'État à s'ingérer en toutes choses, et pour se rendre compte des embarras dans lesquels le pouvoir est souvent entraîné par de fâcheuses traditions, il suffit de porter son attention sur le récent épisode de la réorganisation des Beaux-Arts, réforme qui, dit-on, ne s'opère pas sans difficulté. La centralisation va-t-elle appesantir sa lourde main sur la peinture, la sculpture et l'architecture, afin de les protéger et de les réglementer de plus en plus ; va-t-elle créer des fonctionnaires du beau ? Ne faudrait-il pas alors nous accorder du moins une cour d'appel et un code pénal du laid ? Quoique peu au fait de ce qui se passe dans les concours, dans les écoles et dans les académies, le public s'intéresse vivement aux questions de l'art, la moins grave des choses sérieuses ; et c'est à juste titre. L'art est le don précieux qu'a l'intelligence humaine de façonner la matière à son image, et de la frapper à l'empreinte de l'idéal. On ne doit pas le laisser déchoir ; il n'est pas indifférent d'habituer un peuple aux décadences.

La France aime les artistes qui certes le lui rendent bien. L'artiste est né frondeur ; c'est de tradition. Néanmoins, les vicissitudes de sa vie ne le laissent pas insensible à l'attrait des faveurs et des commandes ministérielles. Pour presque tout le monde le budget est le Dieu du jour. Ce Dieu, sans être éternel, possède heureusement le privilége de se renouveler sans cesse ; car ses adorateurs ont un zèle extrême à en emporter chacun un morceau, et la destruction de l'idole est complète au bout de l'an. Mais, de même que la plupart d'entre nous, les artistes voudraient n'être ni trop délaissés ni trop protégés. Comme nous ils s'écrient : Qui nous protégera contre nos protecteurs ?

La France entière serait-elle comme le monde agité des Beaux-Arts ? Nous ne saurions l'affirmer. On trouverait pourtant, à la rigueur, quelque analogie entre les symptômes manifestés dans les régions séparées des arts et de la politique. La persistance des minorités battues qui luttent pour entrer dans les assemblées représentatives ressemble assez à l'insistance de ceux qui, pour les tableaux, exigent une exposition des refusés. Les refusés ont réussi, ne lasserons-nous pas aussi la fortune adverse ? Nous aurions peut-être quelques peintures intéressantes et frappantes à présenter au pays.

Quoi qu'il en soit, gardons-nous de perdre de vue le but vers lequel doivent tendre les esprits prévoyants et libéraux. Il est nécessaire de faire effort et de rentrer en soi-même pour se demander si, au moment présent, chacun se trouverait suffisamment préparé aux devoirs nouveaux qu'imposerait une décentralisation prochaine. Sans doute il est agréable et facile de faire de la décentralisation théorique à Paris entre les théâtres, les salons, la Bourse et l'Institut, au milieu des charmes de la vie métropolitaine, et d'ajouter quelques pages à ce que M. Gneist appelle sans ménagement « cette volumineuse littérature sur la centralisation et « la décentralisation, littérature qui ne paraît guère « être autre chose qu'une philosophie de la misère de « l'absolutisme (1). » Nous ne sommes pas en Prusse, et l'on fait ce que l'on peut! Mais, pour venir à bout d'accomplir pratiquement des progrès notables dans la voie du *self government*, il y a bien des lois, bien des règlements et des difficultés à connaître, sinon à approfondir; ce serait en province, sur leur propre terrain, qu'il faudrait rivaliser avec les fonctionnaires.

En France on entend partout parler politique, mais presque nulle part on n'entend parler administration. Il est aisé de reconnaître en nous tous, tant que nous sommes, les fils de la génération passablement téméraire et chimérique qui a promulgué la déclaration

(1) Page 370, t. 1.

des droits de l'homme. La mention des devoirs avait été omise dans ce document métaphysique qui charma nos aïeux. On ne choisit pas ses parents, et l'on ne parvient pas davantage à se soustraire complètement aux influences héréditaires. Aussi tout l'élan de notre pays, lorsqu'il se réveille, se porte-t-il de prime-saut sur les problèmes politiques les plus élevés et les plus redoutables, et cela sans réserve comme sans hésitation. Qui ne dédaigne, dans les réunions publiques ou privées, restreintes ou nombreuses, de discuter autre chose que les principes ou les fondements mêmes des gouvernements, ou que les conditions de l'équilibre des empires? Quand verrons-nous, à propos d'utiles réformes intérieures, surgir de ces sortes de cas de conscience nationaux que l'Angleterre semble, à certains moments, aimer à se poser à elle-même? Ce pays tout entier s'accuse alors et s'humilie avec passion devant la révélation soudaine de quelque grand devoir inaccompli. S'agit-il d'améliorer les prisons ou les logements des pauvres, de créer des bibliothèques ou des bureaux de secours en faveur d'ouvriers avides d'instruction ou tombés en détresse, s'agit-il de réformer les écoles primaires, l'enseignement ou la tenue des pensionnats, d'organiser une réforme économique et d'attaquer les falsifications commerciales ou l'insalubrité des villes, tout le monde s'empresse et s'agite pour la question du jour, mais pour une seule question à la fois. Les femmes, les romans, la presse, les membres des Chambres et des administrations locales, les orateurs de *meetings*, les souscriptions généreuses concourent au succès de l'entreprise avec un zèle qui ne s'arrête qu'après l'entier accomplissement de l'œuvre.

Parmi nous, au contraire, les thèses purement politiques ou sociales sont les sujets favoris qu'aime à traiter et à entendre discuter la masse d'un public aussi amateur des théories audacieuses que des hardiesses de la critique. Des connaissances superficielles et la vivacité naturelle de notre esprit généralisateur suffisent pour nous mettre à même de bien parler de choses qu'il est difficile de bien savoir. C'est dans les enseignements incomplets et rarement impartiaux d'une presse quotidienne, effleurant tous les sujets et forcée de servir les lecteurs selon leurs goûts, mais non dans la pratique administrative ou politique des affaires, que se forme notre esprit public. Aussi, lorsque la population parisienne, par exemple, veut corriger son gouvernement, elle le tue d'ordinaire, quoique sans préméditation. Les habitants de Londres sont plus avisés, mais ce n'est ni la faiblesse ni la crainte qui font leur modération. Ils sont armés, non de l'élan subit et passionné qui renverse, mais des saines notions de l'administration et de l'économie politique qui améliorent et conservent; ils sont armés de la connaissance et de l'amour de leurs devoirs et de leurs droits, ainsi que du respect du droit d'autrui. Ils savent attendre sans se courber. Les armes qui nous conviennent sont aussi des armes intellectuelles et morales; tout en sachant attendre, armons-nous donc par l'étude et par la résolution de ne céder ni aux pusillanimités de la peur, ni aux entraînements de la violence. Mais combien de temps nous faudra-t-il encore contempler de loin la terre promise du *self government*, cet idéal politique des sociétés qui jouissent d'une civilisation avancée, et qui sont assurées de trouver en elles-mêmes les garanties de l'ordre uni à de sages libertés?

ÉTUDE SUR L'ALGÉRIE

ÉTUDE SUR L'ALGÉRIE

I

Depuis quelque temps, l'Algérie semble avoir reconquis les sympathies générales : à peine échappée aux doubles vicissitudes des combats sanglants et des discussions parlementaires, elle excite dans tous les esprits un profond intérêt. Chaque jour, la France paraît prendre plus de confiance dans son œuvre et s'attacher davantage, par des liens puissants, à sa nouvelle possession. Les innombrables et brillants faits d'armes qui nous ont assuré la soumission des Arabes ne sont plus que de glorieux souvenirs, dignes d'être célébrés dans des chants nationaux et vraiment populaires; car des soldats isolés ou de petits détachements, parfois commandés par de simples caporaux, ont, dans certaines rencontres, atteint un degré d'héroïsme qui ne le cède en rien aux plus belles actions militaires des autres temps. Malgré quelques soulèvements partiels facilement réprimés, la guerre est bien finie aujourd'hui et la sécurité à peu près complète. Le nombre considérable des voyageurs de toutes les nations, qui, depuis plusieurs années, abordent en Afrique, témoigne que ce pays est devenu le domaine des touristes pacifiques, et les plus curieux se hâtent, pour jouir encore du spectacle primitif d'une contrée qui paraît sur le point de prendre rapidement son essor vers la colonisation et la civilisation européennes. La scène va changer d'aspect au grand dommage du pittoresque, mais à l'avantage infini de ceux qui, les premiers, sauront développer à leur profit les éléments de fortune cachés dans le sein de cette terre nouvelle. Aussi, les impressions, les jugements, les témérités même d'un voyageur pourront-elles être accueillies avec quelque bienveillance, à cause du sujet. Personne aujourd'hui ne voudrait s'y déclarer indifférent, et malheureusement il n'a été connu jusqu'ici, dans le peuple, que par le récit des souffrances de nos soldats ou des échecs de pauvres colons, et, dans les classes plus élevées, que par les rapports d'hommes spéciaux, mais préoccupés d'un but ou d'une mission particulière.

Dans la situation actuelle, c'est presque un devoir de raconter ce qu'on a vu et entendu ; en effet, n'est-ce pas à travers les récits et les appréciations plus ou moins justifiées des uns et des autres, que les esprits éclairés sauront démêler les points essentiels où devront se porter les premiers efforts et les premières réformes? La prétention d'apporter aussi sa poignée de sable, pour contribuer à la construction de ce glorieux édifice de notre puissance africaine, ne sera peut-être pas condamnée par ceux-là mêmes dont le dévouement et les lumières ont préparé un si beau domaine à la France.

Selon le lieu où l'on débarque, les impressions peuvent être très différentes; certains points de la côte offrent l'aspect de la stérilité et de la solitude, d'autres paraissent riants et fertiles; la variété de ces rivages est infinie. Chacun sait en effet que l'Algérie est coupée en tous sens par l'inextricable réseau des chaînes de l'Atlas, dont les sommets les plus élevés servent de point de partage aux cours d'eau. Les uns coulent au nord vers la mer, les autres au sud vers le Sahara et le désert, et ils forment ainsi une des grandes divisions naturelles du pays. Les limites du Tell, ou terre des récoltes du blé et des pâturages d'été, sont indécises et discutées ; il en est de même pour le Sahara, le pays des oasis, et le vrai désert.

Toutes ces vastes régions étaient jusqu'ici habitées ou parcourues par une population de deux millions et demi d'indigènes environ, les uns nomades, les autres, moins nombreux, établis dans quelques villes et dans les villages kabyles. L'existence des tribus nomades exigeait d'immenses espaces, car leurs nombreux troupeaux avaient vite épuisé les environs de leur campement; au mois de juin, on les trouvait dans le Tell moissonnant les blés semés l'année précédente ; puis, après la mise de leurs grains en silos, elles gagnaient les hautes vallées des montagnes ou les rivages de la mer. L'automne ramenait ces peuplades aux terres arables, dont elles labouraient légèrement, avec les instruments les plus imparfaits, une portion laissée inculte depuis plusieurs années; les semailles faites, elles fuient devant les pluies et les froids et se rendent dans le Sahara, qui, jusqu'au printemps, suffit à la nourriture de leurs troupeaux.

Rien de plus pittoresque que de rencontrer, aux premiers beaux jours, ces migrations régulières; on les voit campées par groupes au milieu des plaines les plus vertes, les animaux enfonçant jusqu'au ventre dans les herbages. Montés sur leurs petits chevaux, les Arabes galopent dans la campagne cherchant à rassembler les poulains, les chameaux, les brebis et les vaches, pour les établir dans les campements de nuit ou pour les abreuver à une source. Les femmes et les enfants, devant les tentes, préparent le repas, entourés de leurs chiens vigilants; les riches, dont les serviteurs sont à courir après les troupeaux, restent accroupis, silencieux, fumant leur pipe, regardant fixement leur cheval favori, leurs lévriers, ou le mouvement qui les entoure, et semblent jouir ainsi du bonheur le plus complet que leur nature contemplative puisse goûter.

En marche, la tribu présente un tableau non moins varié; les moutons et les chèvres descendent les escarpements en bondissant, chassés par les pasteurs, qui cachent souvent dans le capuchon du burnous un agneau ou un chevreau nouveau-né. Les chameaux aux regards indécis portent, les uns la mère de famille et les plus jeunes enfants abrités sous une petite tente bleue, où comme dans un nid tous les devoirs de la maternité s'accomplissent au balancement régulier de la marche; les autres sont chargés des provisions de graines et de dattes, des moulins à bras et des ustensiles de ménage. Des corbeilles suspendues aux flancs des chamelles renferment leurs petits, trop faibles pour une longue route. Les jeunes garçons à plat ventre sur les chameaux, sur les poulains et les ânons, les bœufs chargés des tentes, les volailles attachées par les pattes sur le dos des animaux, suivent dans le tumulte et la confusion; puis, viennent les anciens à cheval, le fusil en travers sur la selle.

Le tout s'avance lentement, mugissant, bondissant, s'abreuvant, sans s'arrêter, aux torrents de la route. Les hommes suspendent parfois leur marche pour faire leurs dévotions aux marabouts qui bordent le chemin, vieux troncs d'arbres desséchés, où chacun en passant attache un lambeau d'étoffe et jette quelques pierres, qui bientôt s'élevant en monceau, indiquent la direction à suivre et invitent les croyants à la prière. Pour quelques pièces de monnaie, la caravane vous vend des dattes ou du lait; on échange des nouvelles sur l'état des routes et des pâturages, puis on s'éloigne en chantonnant.

Celui qui a contemplé dans toute sa liberté naturelle cette manière d'être des Arabes, ne saurait se défendre de l'attrait de cette vie simple, indépendante, primitive et variée; il comprend l'invincible attachement de ces peuples pour leurs habitudes, qu'on voudrait non-seulement restreindre, mais réformer complètement, sans tenir compte des traditions et du climat, exigence bien dure assurément, mais suite nécessaire de la conquête européenne. C'est à peu près comme si l'on voulait forcer les Hollandais à renoncer à la bière et à la pipe silencieuse, pour les bruyantes castagnettes et le *bolero passionné* de l'Espagne; les obliger à ne jamais laver leurs maisons et à sacrifier leurs bestiaux si soignés aux jeux cruels et dangereux de la course de taureaux.

Aussi, à part le fanatisme religieux et la haine du oug étranger, la conquête pèse d'un poids beaucoup plus lourd sur les Arabes qu'elle ne pèserait, par exemple, sur les peuples de l'Allemagne ou de l'Italie. Dans ces contrées, l'ordre matériel n'est pas complètement bouleversé par l'invasion; une imposition de guerre, des fonctionnaires changés, des garnisons de soldats étrangers, voilà à peu près à quoi se réduisent, après les premiers désordres de la lutte, les charges de l'occupation étrangère; l'artisan retourne à son métier, le paysan à sa culture et chacun conserve son champ et sa maison.

Mais pour l'Arabe tout est changé dans sa vie; il

était libre de se mouvoir dans d'immenses espaces, toute terre où il posait sa tente lui appartenait; il payait l'impôt peu régulièrement au maître du pays, et souvent il avait l'occasion ou l'espoir d'y échapper. Les querelles, peu meurtrières du reste, de tribu à tribu, occupaient son ardeur et son amour pour les combats; au lieu de cela, dès que l'Arabe est en contact avec les chrétiens, chaque jour il est refoulé; il voit ses anciens pâturages, les lieux où il semait ses moissons, occupés par des fermes ou des concessions; les amendes pleuvent sur lui sous toutes sortes de prétextes. Il paie pour la terre qu'il occupe, et ses migrations qui, chaque année, le menaient du désert aux rivages de la Méditerranée, doivent dès aujourd'hui s'arrèter à moitié chemin, devant la barrière des territoires civils qui déjà s'avancent loin de la mer. Il vivait de peu de travail, libre dans d'immenses espaces, et l'on veut le forcer à vivre désormais soumis à mille règles, dans un espace très restreint et, dès lors, avec l'obligation d'un travail assidu. Sous ce climat surtout, qui ne comprendra la préférence des indigènes pour leur ancien mode d'existence et, en conséquence, l'acharnement d'une lutte déspérée ?

En dehors de la force, par quelles raisons justifier notre conquête ?

Pour un coup d'éventail, nous succédons aux Turcs, mais après un léger impôt, « ces derniers, disent les Arabes, nous laissaient nos terres et la liberté, et vous,

Français, vous nous dépouillez de l'un et de l'autre.» Aux ordres du jour qui leur répètent : « Ouvrez vos portes aux bienfaits de la civilisation, » ils répondent : « Vous prétendez nous civiliser, mais vos mœurs sont mauvaises; vous n'avez ni temple ni religion; vous vous enivrez sans cesse. Vous prétendez avoir besoin de nos terres, mais où sont vos cultivateurs? Presque tout ce que vous nous avez pris reste en friche ou bien nous est loué à nous-mêmes à prix d'argent. Quant à nous épuiser comme ouvriers, misérables dans de tristes cabanes ou entassés dans des villes, nous préférons l'espace et l'indépendance. » Les Arabes redisent l'éternelle tirade du paysan du Danube. On ne peut leur répondre que par l'usage et l'abus de la force, jusqu'à ce que, mille fois vaincus et châtiés, ils se résignent enfin et disent : « Dieu l'a voulu, les Français sont nés pour être nos maîtres. »

Chacune des trois provinces a présenté dans sa défense des degrés différents de résistance, en rapport avec le caractère que ces contrées ont toujours montré et qui se retrouve déjà sous la domination romaine. L'ouest, touchant aux populations sauvages et indomptées du Maroc qui massacrent les naufragés, et qu'aucune puissance n'a jamais soumises, faisait partie de la Mauritanie Tingitane, toujours indocile au joug des Romains, et bientôt abandonnée dès les premiers signes de décadence : c'est aujourd'hui la province d'Oran. Les habitants sont pauvres, guerriers, infatigables. Tout est rude et farouche dans leurs mœurs.

La province d'Alger, plus civilisée, a connu davantage le luxe et les grandes existences des chefs puissants et les lettres ne furent pas totalement étrangères à ses prêtres et à ses savants.

Fertile et peuplée, la province de Constantine présentait encore, il y a peu d'années, l'ensemble des mœurs féodales. On y trouvait de grandes familles riches et influentes, entourées des magnificences de l'Orient, aimant la chasse, les belles tentes, les armes précieuses et les chevaux couverts de housses d'or et de soie. Le voisinage de Tunis a rendu les habitants de cette province limitrophe moins sauvages et moins rudes; aussi la conquête a-t-elle coûté moins d'efforts. Constantine une fois prise, notre domination ne rencontra plus de ces grands soulèvements qui semblaient tout remettre en question dans les autres parties de l'Algérie, où s'exerçait l'influence d'Abd-el-Kader.

Dans les trois provinces est répandue une population bien distincte des Arabes, ce sont les Kabyles. Ils occupent dans le nord de l'Afrique de petits groupes de montagnes plus ou moins considérables. Leurs mœurs, leurs goûts sont entièrement différents de ceux des Arabes. Etablis dans des villages sur la crête des rochers, ou au fond d'inaccessibles vallées, ils cultivent de riches jardins, et, contrairement aux nomades, se livrent aux plus durs travaux de l'agriculture. Ils ont une sorte d'industrie, fabriquent des tissus, de la poudre, des armes, voire de la fausse monnaie, et avaient réussi jusqu'ici à se soustraire même à toute influence étrangère.

Chez eux l'organisation politique est entièrement démocratique, les fortunes sont à peu près égales; ils ne supportent pas de situations dominantes. Toutes les fonctions sont électives et annuelles; leur crainte de voir la liberté diminuée est si grande, que les autorités choisies finissent rarement le temps de leurs charges.

Plus sérieux que les Arabes, les Kabyles tiennent les engagements contractés, et l'étranger muni du sauf-conduit de l'un d'eux, qui consiste en un objet quelconque appelé anaya, un chien, une arme ou un simple bâton, peut en pleine confiance parcourir tout le pays dans lequel son protecteur lui a garanti la sécurité.

Comme ouvriers, on les trouve assez sûrs, moins voleurs et grappilleurs que les Arabes. Ils sont les seuls indigènes auxquels on puisse confier un travail. Ils vont au loin dans les villes et les campagnes chercher à ramasser de modestes épargnes, puis retournent dans leur village bâtir une cabane, acheter une femme et quelques bêtes, qu'ils mettent presque au même rang, et jouissent du fruit de leurs travaux et d'une tranquillité dont ils sont fiers et heureux. Ils fournissent peu de cavaliers, mais en revanche leur infanter est redoutable, et derrière les rochers elle a fait éprouver bien des pertes à nos soldats.

On emploie volontiers les Kabyles dans les fermes françaises, mais s'il y a un bruit de guerre, ils demandent leur compte au maître, vont faire le coup de fusil, ou, comme ils disent, faire parler la poudre, et reviennent ensuite chez les mêmes propriétaires reprendre les travaux interrompus.

La force seule peut dompter ces braves gens ; accablés par le nombre, convaincus de l'inutilité de la défense, ils se battent courageusement jusqu'à extinction, et si on leur demande pourquoi cette folle résistance : « Nos femmes nous chasseraient de nos maisons, » disent-ils, et nos voisins nous mépriseraient. Dans les ruelles de leurs villages pris d'assaut, incendiés et à demi détruits, on a souvent vu des femmes et des enfants tuer nos soldats à bout portant, et s'ensevelir sous leurs demeures en flammes, plutôt que de se rendre au vainqueur.

Une fois qu'ils ont fait ce que l'honneur exige, ils sont, dit-on, plus faciles à contenir sous notre domination régulière.

La grande Kabylie, dernier centre de résistance, aujourd'hui abattue au prix des plus grands efforts et des meilleures combinaisons, était le modèle de l'organisation kabyle. Ces cinquante ou soixante mille habitants, divisés en tribus indépendantes, occupent le long de la Méditerranée, entre Dellys et Bougie, un espace d'une cinquantaine de lieues, enfermé, comme dans un immense fer à cheval, entre les chaînes les plus inaccessibles du Jurjura et la mer, vrai dédale de précipices et de rochers, où il est presque impossible à une armée d'avancer, de vivre ou de reculer. La vallée du Sébaou, qui la traverse dans sa longueur, à peu près parallèlement à la mer, sera le point central de notre occupation, et comme l'artère principale par où pénétreront nos routes et notre civilisation.

L'opinion de quelques savants fait descendre les Kabyles ou Berbères des pasteurs qui s'emparèrent de l'Egypte et qui, chassés plus tard, vers l'an 2050, ont reculé de proche en proche jusqu'à l'Océan, laissant de petits groupes de population dans les pays montagneux, où ils ont généralement résisté aux invasions des Romains, des Grecs, des Vandales et des Arabes. On peut suivre leurs échelons dispersés, jusque dans la haute Egypte; leur idiome a conservé partout un caractère bien distinct, et paraîtrait n'avoir de rapport qu'avec le sanscrit; certaines traditions leur font soutenir une longue guerre avec un roi de Syrie, qui les chassa du pays et les poussa sur l'Egypte. On retrouve encore parmi eux les noms de Massinissès et de Micipsès, qui prouvent bien qu'ils descendent des anciens Numides. Ce qu'on connaît de leur écriture, aujourd'hui oubliée par eux, a quelque analogie avec les caractères puniques.

Leur peu d'attachement à la foi musulmane, l'influence des femmes qui chez eux sont libres et non voilées, et portent une croix tatouée au milieu du front, tout cela ne serait-il pas un souvenir de la foi chrétienne, qui pendant plusieurs siècles prévalut dans le nord de l'Afrique, et l'indication positive d'une origine différente de celle des Arabes ?

Depuis plusieurs années, les petits groupes kabyles ont été soumis, et la grande Kabylie vient aussi de céder à nos armes. Jusqu'ici on avait vaincu dans les combats ; mais, après des soumissions plus ou moins sincères, on s'était retiré. Or, avec les Kabyles comme avec les Arabes, il ne faudrait jamais rétrograder ; quelle que soit la vigueur du coup frappé, toutes les fois qu'on s'en retourne, ils disent et font croire à leurs alliés et voisins qu'on s'est enfui, et des coups de fusil tirés de loin à l'arrière-garde suffisent à persuader à ces peuplades courageuses et légères, que nous avons été chassés et vaincus, et que nous n'oserons pas revenir. Aussi depuis vingt-sept ans, quels travaux sans relâche pour nos troupes harassées ! Les meilleurs calculs déjoués pour une heure de retard, et toutes les fatigues d'une longue course rendues inutiles par un coup de fusil tiré mal à propos, ou la rencontre fortuite d'un cavalier qui prévient l'ennemi, cette fois encore à l'abri du châtiment.

Les Romains nous ont montré l'exemple à suivre ; on voit leurs traces et les indices de leur établissement partout où nous arrivons. Dans les petites plaines qu'on rencontre, on est sûr de trouver au centre les ruines d'un poste romain. Des pierres taillées, des colonnes sont là gisant à terre, témoignages certains d'une occupation régulière; on en suit la chaîne non interrompue depuis la mer jusqu'à une ou deux journées de marche dans le pays des Oasis, et sur de longues distances de l'est à l'ouest : tous ces postes fortifiés, à peu de distance les uns des autres, se rattachant aux villes et aux points importants, devaient ormer un réseau serré qui tenait le pays entier dans une soumission complète et qui, en effet, soutint assez longtomps l'édifice de la domination romaine.

II

Population européenne. — Concessions. — Colonisation.— Administration. — Emigration.

On a calculé que cette vaste conquête, pour être peuplée comme la France, devrait posséder 22 millions d'habitants; pour égaler la population de l'Espagne, le pays le moins peuplé de l'Europe, il lui en faudrait 10 millions; au lieu de cela, nous trouvons seulement près de 2 millions 1/2 d'indigènes et 160,000 Européens, dont les nationalités se divisent ainsi :

Environ 80,000 Français, 7 ou 8,000 Italiens, 4 ou

5,000 Maltais à peu près, autant d'Allemands et 50,000 Espagnols.

Sur le nombre des Français, on doit déduire une forte part pour la population vivant de l'armée ou à sa suite et paraissant ou disparaissant avec elle. La ville provisoire de Kamiesh a montré quelle population entraîne toujours après elle une armée fixée sur un point quelconque. Aussi, en fait de colons et de cultivateurs, le nombre des Français paraît être inférieur à celui des Espagnols, des Maltais ou des Italiens.

Les Espagnols et les Maltais ont accaparé l'approvisionnement de toutes les villes. Cette bande de plus de deux lieues de jardins bordant la mer depuis Alger jusqu'à la Maison-Carrée, fournissant les habitants de légumes et en exportant, est aux mains des Mahonais. Presque toutes les autres villes de la côte ou de l'intérieur, doivent de même cette partie de leur subsistance aux Espagnols et aux Maltais. Les Allemands ne paraissent pas prospérer jusqu'ici, malgré les sacrifices faits pour eux; cela tient, sans doute, à ce que ceux qui ont quelques ressources ou quelque énergie suivent le grand courant qui entraîne leurs compatriotes vers l'Amérique, et ainsi l'Algérie n'aurait reçu que le rebut de la population.

Mais le petit nombre des propriétés relativement importantes, sont toutes aux mains des Français. De louables efforts, qui déjà commencent à être récompensés par d'assez beaux revenus, ont été faits sur plusieurs points. Auprès d'Oran, une belle et vaste exploitation agricole occupe de nombreux ouvriers, et les capitaux considérables confiés à la terre promettent sous peu à son possesseur un admirable domaine et de très grands bénéfices, dont il a déjà recueilli une partie.

Aux environs d'Alger, une ferme dirigée par le propriétaire lui-même et son associé, de la contenance de 250 hectares, ayant des bâtiments complets, une distillerie pour le sorgho et l'asphodèle, et une culture de tabacs, a produit en 1856, après cinq ans et 150,000 francs de dépenses, 30,000 francs de revenu net. Il faut dire que cette année était exceptionnelle pour le blé, qui, ordinairement, rapporte 60 francs l'hectare, et qui avait donné 200 francs à cause de sa cherté en Europe et des conséquences de la guerre de Crimée. Le blé, sur lequel les Européens font peu de profits, n'entre que pour une faible part dans l'assolement régulier. Les cultures industrielles donnent de bien plus grands bénéfices.

Une autre terre de la Mitidja, avec les bâtiments nécessaires, toute défrichée, achetée 160,000 francs et administrée par un agent, ayant déjà donné des revenus notables les années précédentes, a rendu cette année 25,000 francs nets.

En 1857, auprès d'Alger, 500 arpents ont été achetés 30,000 fr. Des Arabes ont immédiatement offert de les louer pour 4,000 fr. Le propriétaire a refusé, espérant en tirer un profit supérieur par lui-même.

Bouffarick, autrefois si malsain qu'en été les oiseaux mêmes fuyaient ce lieu empesté, est aujourd'hui un beau village entouré de jardins, dont le sol noir et profond n'a plus que des richesses à donner. Un colon suisse y obtint, il y a quelques années, une concession de 50 hectares. Les bâtiments et le défrichement lui ont coûté 10,000 fr., et il loue sa propriété à un fermier 1,500 fr. par an. Il compte reprendre sa culture et espère doubler les bénéfices. Le territoire de Bouffarick, conquis sur d'anciens marais, convient essentiellement à la culture du tabac.

Dans la province de Constantine, une concession de 1,100 hectares, composée de deux fermes et d'une forêt de chênes-liéges, sur laquelle il a été dépensé 170,000 francs en dix ans, conduite par un propriétaire tout à fait étranger jusque-là aux travaux agricoles, donnera de 25 à 30,000 fr. par an, en répartissant le rendement du chêne-liége sur les cinq années, intervalle nécessaire à la récolte du liége.

Près de Constantine, une ferme, ou plutôt un jardin de 70 hectares, sur lesquels il y a vingt arpents de vignes, une grande culture d'arbres fruitiers, une magnanerie, etc., a coûté en acquisition, bâtiments et culture, 400,000 fr. en dix ans. L'année dernière, première année de rapport, le propriétaire a touché 40,000 francs, et il espère, selon toute probabilité, augmenter son revenu d'un tiers avant peu d'années. Les bouchers ont généralement assez bien réussi ; le commerce des bestiaux présente d'assez grands avantages. En effet, dans la saison des sécheresses ou des pluies, les Arabes, ne sachant comment nourrir leurs bêtes, les vendent à bon marché. Un bœuf maigre vaut alors 100 fr. Après trois mois de bonne nourriture, on le vend facilement près de deux cents francs dans les principaux marchés. Cette spéculation, qui se représente deux fois par an, peut procurer un gain considérable. Dans les riches pâturages, entre Bone et Guelma, on rencontre dans les tribus une race bovine assez pure, qui a un type uniforme. Ces animaux, de petite taille mais bien proportionnés, sont presque tous gris clair, avec les jambes et les flancs noirs, et une raie de même couleur bien dessinée sur le dos. Pour le bétail comme pour le reste, la province de Constantine paraît supérieure aux deux autres.

L'industrie des moulins a donné aussi quelques bons résultats pour la consommation locale, soit des indigènes, soit des Européens.

Il faut remarquer que toutes les opérations dont on vient de voir les résultats ont été faites dans des conditions très défavorables, et qu'aujourd'hui, les difficultés seraient infiniment moindres. La main-d'œuvre était jusqu'à ces dernières années exorbitante, les ouvriers détestables et rares. L'incertitude et le peu de sécurité de notre domination, le changement fréquent des autorités et des systèmes, l'arbitraire et le décousu de l'administration militaire ; point de routes, les moindres objets devant venir de France, des cadastres singulièrement erronés, tout conspirait contre les premiers colons.

En raison de l'absence des débouchés et des consommateurs, le gouvernement était le seul acheteur des denrées, dont il fixait lui-même le prix, qu'il fallait bien accepter, quoiqu'il fût souvent inférieur au prix de revient. Ces difficultés contribuèrent à décourager chacun et à discréditer la colonie. Aussi, à travers tant d'entraves, est-il encore étonnant que les choses aient pu atteindre le point où elles sont.

La colonisation ne date réellement que de 1843 ou 1844, et déjà depuis trois ans de notables progrès se font sentir, et d'heureuses tendances chez les dépositaires de l'autorité permettent d'espérer que des facilités plus grandes seront accordées aux colons.

Jusqu'à ce jour, les obstacles administratifs contre lesquels il a fallu lutter, étaient sans nombre. La centralisation, poussée encore plus loin qu'en France, exige que, de quelque point de l'Algérie que ce soit, une affaire aille dans les bureaux d'Alger subir l'examen des diverses branches de l'administration, dont les attributions ne sont pas toujours très nettement définies, de là des conflits sans fin. Puis, il faut que le travail soit recommencé à Paris, où les bureaux ont souvent un tout autre esprit; enfin, le malheureux dossier revient faire une station à Alger et il retourne, après Dieu sait quels délais, au chef-lieu, son point de départ. C'est juste le double du temps, déjà si long, qu'il faut en France pour terminer une affaire avec l'administration, sans compter les retards qu'entraînent l'aller et le retour des papiers. Aussi le découragement et l'abandon succèdent vite aux premiers efforts.

Pour obtenir un titre définitif de concession, il faut au moins une année et ordinairement bien davantage. On demeure très longtemps à la merci de l'administration ; elle impose des conditions inexécutables, qui jamais du reste ne sont exigées à la rigueur, mais le colon se voit toujours sous le coup du zèle et du mauvais vouloir dans les bureaux, ou de quelque nouveau projet ; d'ailleurs, comme on a toujours par l'exécution incomplète du cahier des charges le droit de le renvoyer, on lui retire parfois une partie du terrain concédé, ou on le tracasse de mille façons.

Que la négligence et l'inconduite aient parfois justifié de tels procédés, l'effet n'en est pas moins désastreux sur les gens qui auraient quelques idées d'établissement. Pour ne pas attendre trop longtemps, le colon s'établit souvent avec un titre provisoire, mais s'il survient dans sa situation des changements qui le forcent à s'en aller, il ne peut rien vendre et tous ses travaux sont perdus. Aussi cette tutelle presque absolue a t-elle dégoûté des concessions, et l'on conseille aux arrivants de s'en garder et d'acheter des terrains, plutôt un peu chers. Au moins sont-ils maîtres chez eux.

La dépense sur une concession s'élève ordinairement, y compris la rente à payer de 2 fr. par an (rachetable au taux de 10 0[0), avec les bâtiments, les fossés exigés, la plantation obligatoire de vingt-cinq arbres par hectare, à environ 400 fr. l'hectare, dépense qui monterait beaucoup plus haut, si l'on remplissait à la lettre les conditions imposées.

Non loin des centres de population ou des routes, le prix moyen pour une terre arrosable est de 170 fr. l'hectare, pour une terre non arrosable de 70 fr. Ce prix peu élevé donne tous les droits et toute l'indépendance de la propriété absolue.

L'administration, au reste, reconnaît les inconvénients du mode de concessions, dans lequel il entre toujours un peu de faveur et d'arbitraire, et où, malgré ses soins, elle a été si souvent trompée, tant sur les moyens pécuniaires que sur les intentions des concessionnaires.

Combien de fois n'a-t-on pas vu livrer du terrain à un soi-disant colon, qui bâtissait pour quelques cents francs une mauvaise baraque, puis s'empressait de louer ses terres aux mêmes Arabes, qu'on venait de déposséder pour lui, avec le double inconvénient de révolter les indigènes et de n'apporter aucun élément de progrès à la colonie.

On a fait depuis deux ans plusieurs essais de ventes aux enchères qui ont eu un plein succès; toutes portions ont trouvé des acquéreurs à un prix relativement élevé, et ce système paraît devoir s'établir définitivement. Seulement, ne pourrait-on pas y apporter quelque amélioration? Le haut prix des terrains, quoique présentant au premier abord un résultat brillant, comme symptôme de l'empressement des acquéreurs, est au fond plus regrettable qu'utile, car c'est par des moyens un peu factices qu'on arrive à cet enchérissement. Ce profit devrait être dédaigné par l'Etat, qui se verrait bien autrement récompensé par la multiplicité des établissements nouveaux. Afin d'éviter les acquéreurs par pure spéculation, il suffirait que le prix des terres fût maintenu dans de justes limites. Au lieu de cela, on fait les ventes aux enchères à de rares intervalles, dans une localité restreinte; ceux qui désirent des terres, et aujourd'hui il y a progrès réel en ce sens, sont obligés de se les disputer, s'ils sont venus de France dans cette intention de les acheter à un prix quelconque. Celui qui débarque avec peu d'argent ne saurait, ainsi qu'en Amérique, après quelques courses et informations, aller à l'administration dire qu'il a fait choix de telle localité, qu'il demande telle étendue au prix fixé d'avance. On lui répondra qu'on a décrété la fondation d'un village à tel endroit, et que dans un délai de.... on vendra tant d'hectares, en tant de lots, aux enchères. Il faut donc que l'individu ou la famille attende en dépensant ses ressources, puis se fixe dans un lieu souvent contraire à son choix ou s'en aille. On ne veut laisser s'avancer la population que par groupes et agglomérations complètes de villages, et les décrets de fondations de villages ne laissent pas que de produire quelque effet lorsqu'ils sont publiés au *Moniteur*. Cela offre sans doute certains avantages de sécurité d'administration et de facilité pour la division du territoire entre Arabes et Français, mais les inconvénients ne l'emportent-ils pas en raison des difficultés, de la contrainte et de la défaveur que cette manière de procéder jette sur notre colonie? On ne croit pas pouvoir répondre de la sûreté des établissements isolés et lointains; mais n'a-t-on pas l'exemple de ces familles, qui occupent des caravansérails, gardés quelquefois par un seul spahi indigène, à de longues distances de tout poste militaire? On ne raconte pourtant ni assassinats ni ravages de leurs jardins ou de leurs récoltes. A force de vouloir administrer, on paralyse; les difficultés sont déjà bien assez grandes pour que sans imprudence on puisse accorder à nos rares colons même leurs fantaisies. Et, pour tout dire, il est douteux que le réseau inflexible et compliqué de notre administration civile, importée tout d'une pièce en Afrique, et dirigée de Paris, réussisse beaucoup mieux que l'autorité militaire actuelle; ce ne serait peut-être que l'influence multiple et souvent contradictoire des divers ministères, substituée à l'influence unique et absolue du ministère de la guerre. Un peu de laisser faire, et le plus possible de gouvernement local et provincial, satisferait mieux sans nul doute les intérêts des anciens colons et en attirerait de nouveaux.

Il y a fort à faire pour détourner sur l'Afrique une partie du courant qui se porte vers l'Amérique. Sans être exactement informées, les populations, par des raisons souvent fausses en elles-mêmes, ont un instinct confus, qui leur fait juger sainement les choses. Elles savent qu'en arrivant en Amérique, on est reçu par des nationaux, dont beaucoup ont fait leur fortune, que c'est la terre de la liberté et de l'indépendance absolue, qu'une fois son dollar payé à la caisse de secours, l'émigrant peut se considérer comme citoyen d'un grand Etat, et que pour quinze francs l'hectare, il n'a qu'à choisir, dans les nouveaux districts, autant de terre qu'il en désire. En huit jours, avec la hache et la scie, et l'aide de quelques ouvriers ou voisins, sa maison est bâtie avec les arbres abattus sur place. Le bétail, s'il en a, est nourri dès le premier jour dans la forêt et, s'il veut abandonner la culture, toutes les industries imaginables lui offrent de l'ouvrage dans des villes peu éloignées.

L'émigrant, au lieu de cela, à peine arrivé à Alger, est livré en proie à l'autorité militaire, qu'il redoute par dessus tout, car la portion de la population qui émigre est toujours la plus hardie, la plus aventureuse, celle enfin qui, avide de changement, a puisé davantage aux idées de mécontentement, d'émancipation et d'indépendance complète. On désigne aux nouveaux arrivants un lieu et une époque qui ont bien des chances de contrarier leurs projets; le terrain qu'on leur vend ne saurait actuellement nourrir une vache. Entouré de voisins, ils n'ont pas la ressource de terrains vagues autour d'eux. Il n'y a pas de bois; pour s'établir et bâtir une maison, il faudra faire venir des ouvriers spéciaux, dépenser deux ou trois mille francs improductifs et vivre un ou deux ans sur le petit capital apporté. Contenus et gênés, les émigrants retrouvent, avec les difficultés d'un pays nouveau et inculte, les nécessités administratives et les strictes limites des pays de l'Europe. Aussi est-il naturel que la masse se porte vers l'Amérique. Le dernier relevé donné par les Etats-Unis déclare 224,000 émigrants, dont 7,246 Français. Ce n'est donc pas l'éloignement que redoutent nos compatriotes; le jour où l'Algérie deviendrait populaire, une foule considérable de Français et d'étrangers s'y porterait, ne serait-ce que pour l'économie du voyage.

Il n'y a pas de terrains vacants en Algérie, tout est strictement divisé en territoire appartenant à l'Etat, en concessions déjà faites et en territoire arabe. On s'est créé à cet égard de telles difficultés que, loin de chercher jamais à attirer de nombreux colons, le ministère de la guerre, dit un écrivain toujours bien informé, a été jusqu'à annoncer officiellement à une commission d'émigration que son programme était de s'abstenir de toutes mesures ou paroles qui pussent détourner les émigrants vers notre colonie. Sur les terrains du domaine, le droit du premier occupant, ou de préemption, n'est pas admis comme en Amérique, et, singulière anomalie, il est interdit aux colons d'acquérir des terres en territoire arabe, tandis que les indigènes ont le droit d'acheter en territoire civil et français; il en résulte que, surtout depuis les immenses bénéfices qu'ils viennent de réaliser, les Arabes seraient assez riches pour racheter toute l'Algérie; heureusement qu'ils n'en ont point eu l'idée et que dans la pratique cela n'a pas encore présenté d'inconvénient.

Les indigènes produisent les céréales à si bas prix que les fermiers français sont incapables de supporter la concurrence. En effet, les frais de la main-d'œuvre sont presque nuls pour les Arabes; ils n'emploient jamais de fumiers, n'ont ni fermes ni greniers à entretenir, et labourent chaque année une terre neuve et reposée; malgré l'imperfection à peine croyable de leurs instruments, ils obtiennent d'immenses récoltes, dont une partie reste souvent à pourrir sur pied. Les trois dernières années ont été pour eux une source de fortune incroyable; ils ont vendu pour 20,000,000 de blé par an, et cette somme énorme de 60,000,000 fr., tout entière en espèces d'argent, car ils refusent le papier et l'or, est aujourd'hui entre leurs mains enterrée et cachée. Le placement de l'argent à intérêt leur est une chose inconnue et antipathique. Les colons se désespèrent de voir à chaque marché les Arabes emporter de pleins sacs de *douros* ou de pièces de cinq francs, qui n'ont aucune chance de reparaître de longtemps dans la circulation. Ces richesses sont-elles une force et un danger contre nous, ou bien un lien entre les vainqueurs et les vaincus?...

III

Domaine de l'État et Colons.

Le domaine possède, comme succédant au Beylic des Turcs, ou par suite d'expropriation, environ 410,000 hectares de terres cultivables, évaluées à 51 millions. Ces terres, encore inoccupées, attendent des acquéreurs, et il s'en présente à peine quelques-uns. Ne serait-il pas d'un grand avantage que le domaine fît abandon de ces vastes possessions aux trois provinces? La gestion et la vente de ces biens considérables pourraient poser le fondement d'une administration civile sérieuse, et d'un budget provincial dépensé sur les lieux mêmes qui en auraient fourni les éléments. Cet argent, au lieu d'aller à Paris se perdre dans l'océan du budget de la France, pour revenir ensuite sous une autre forme, rendrait des services locaux et immédiats. Les agents civils provinciaux, directement intéressés, mettraient, pour vendre les terres et attirer les colons, infiniment plus de zèle, inspireraient plus de confiance, donneraient beaucoup plus de publicité que les agents militaires. Aujourd'hui, toutes les mesures sont soumises à l'approbation du ministère de la guerre et doivent revenir de Paris. Quel que soit le dévouement des officiers, ils ont mille autres soins en tête, leurs préoccupations d'avancement sont dans une tout autre ligne et leur changement fréquent les empêche de se former dans un genre de fonctions toujours temporaires et tout à fait en dehors de leur éducation, comme de leur avenir. Deux parts pourraient être faites de ces grands biens; l'une livrée à la vente immédiate et abandonnée aux provinces, l'autre réservée par l'État pour être donnée aux sociétés qui se chargeraient de grandes entreprises ou de travaux d'intérêt public.

Le domaine possède encore de vastes étendues de forêts, estimées à une valeur de 125 millions. Il ne faut que les préserver de la vaine pâture et des incendies fréquents qu'allument les Arabes afin de faire reverdir leurs herbages, pour trouver dans des coupes réglées de très bons fruits.

Quelques concessions à temps y ont été faites. Les chênes-lièges surtout donnent de beaux bénéfices. Tous les cinq ans, le revenu est élevé et assuré, sans mise de fonds préalable et sans autre main-d'œuvre que le démasquelage qui consiste à détruire la vieille écorce.

Dans la province de Constantine, des personnes de Lyon tirent des sommes importantes d'une forêt concédée pour un certain nombre d'années ; mais, au lieu de s'en féliciter, l'administration semble presque trouver ces profits trop grands, oubliant que le premier intérêt de la colonie est qu'il se crée des fortunes considérables et rapides.

Cette disposition fâcheuse est au reste la répétition de ce qu'on voit souvent dans la métropole. Dix fortunes faites en Algérie avanceront plus les affaires de la colonisation que les savantes combinaisons administratives. Malheureusement on a vu de beaux systèmes mais pas encore de fortunes faites.

Au milieu de ces efforts et de ces difficultés sans nombre, un triste symptôme se révèle : c'est que le petit colon est peu considéré.

Lorsqu'on demande au premier venu s'il est colon, il répond presque toujours avec une sorte d'orgueil offensé : « Oh ! non, nous autres, nous ne sommes pas des colons ; nous sommes maçons, menuisiers, aubergistes, cochers... Travailler la terre est le moyen de se ruiner ici et l'on ne peut compter sur rien avec le pouvoir militaire. » L'ouvrier est considéré comme indépendant, tandis que le colon ne l'est pas et paie par les exigences d'une soumission forcée les secours de l'autorité. D'autre part, tout colon se regarde comme un personnage ayant droit aux largesses et à l'aide de l'administration ; les colons se plaignent de l'autorité militaire, la seule qui existe ; l'autorité, à son tour, se plaint des colons et il semble que, des deux côtés, ce soit à juste titre. Pourtant le zèle, les soins et les efforts de l'armée, en faveur de beaucoup d'émigrants, ont dépassé tout ce qu'on pourrait imaginer. On a été jusqu'à prendre des colons et des familles à leur débarquement, à les transporter aux frais de l'armée, à leur faire bâtir des maisons et défricher des terres par les soldats; pendant ce temps on leur fournissait des rations et des habits, on leur donnait des animaux, des chariots construits par le génie, et cela pour des villages entiers et en maintes occasions.

Tant que ces colons restaient directement sous l'autorité militaire, tout allait tant bien que mal avec quelques secours temporaires; mais quand, après plusieurs années, les villages arrivaient à être territoire civil, les bestiaux puis les ustensiles étaient vendus, les maisons, les terres aliénées ou abandonnées, et le fruit de tant de dépenses et d'efforts disparaissait sans profit, en aggravant de plus en plus la renommée fâcheuse de l'Algérie.

Aujourd'hui, le cadre est créé, les premières et immenses difficultés sont vaincues, les principales routes tracées; mais le pouvoir militaire paraît désormais insuffisant à remplir à lui seul les devoirs nouveaux de l'autorité. Il est évident que le changement ne doit pas être trop brusque; pourtant, le temps presse, le moment actuel est une heure de renaissance et de transition. Les quelques années qui vont suivre, d'après les mesures adoptées, donneront à la génération présente le moyen de recueillir les fruits de tant de travaux et de dépenses, ou rejetteront pour longtemps encore la colonie dans l'abandon et le discrédit qui augmenteront encore si l'élan, réel aujourd'hui, se trouve brisé par de nouveaux échecs.

IV

Refoulement des Arabes. — Cantonnement des Arabes.

D'ici à peu d'années il serait peut-être utile de dédoubler chaque province en Nord et en Sud; dans le Nord, l'armée serait gardienne et spectatrice; dans le Sud, elle conserverait longtemps encore l'omnipotence et aurait la délicate mission de contenir et de fixer la population arabe, que chaque jour on refoulerait vers elle. Cet avenir, déjà prévu, est préparé par les efforts couronnés de succès que l'on fait pour fournir des eaux abondantes aux territoires qui bordent le désert. C'est là ce qui donne une telle importance à ces travaux, dont les résultats sont, en quelque sorte, la clef de l'avenir.

Il faut être en mesure de proposer aux Arabes de se faire tout à fait Français, c'est-à-dire de bâtir des maisons, de cultiver des propriétés particulières et fixes, d'adopter notre code, ou d'aller vivre dans le Sud.

Aussi l'autorité actuelle attache-t-elle un prix très grand à la réussite des puits artésiens dans le Sahara. Si, comme tout le fait espérer, on réussit à les multiplier en grand nombre, un pas immense sera fait vers la solution du difficile problème du refoulement des Arabes, sans compter les avantages de la culture du coton et de la création de stations rapprochées sur les routes du désert, par lesquelles notre influence pourrait s'étendre au loin.

Une autre méthode consisterait à fixer dans les lieux où ils se trouvent et à y cantonner les Arabes par groupes nombreux et espacés, de sorte que, bientôt cernés de toutes parts et comme isolés au milieu de la masse des colons, ils fussent forcés, dans un temps assez prochain, à se mêler à nos habitudes et à notre langage, et, s'il est possible, à nos travaux.

On échapperait ainsi au danger de resserrer les liens de la nationalité arabe, plutôt soutenue qu'ébranlée par le gouvernement spécial des bureaux arabes. Agglomérés sans mélange dans le Sud, les indigènes formeraient alors plus que jamais une nation à part, conservant intacts sa division en tribus, ses mœurs et son fanatisme. Dans une crise, telle qu'une guerre maritime ou une révolution, ils pourraient se jeter en masse sur le Nord et accomplir une destruction formidable. Ces deux systèmes offrent, comme toutes choses, leurs avantages et leurs inconvénients, et il n'y aura pas de trop de toute la vigilance prévoyante de l'autorité pour exécuter les changements qui bientôt seront indispensables.

Les Kabyles, qui forment une partie importante et très distincte de la population, sont en dehors de toute hypothèse de migration ; essentiellement propriétaires et travailleurs, ils doivent rester dans les lieux où ils sont nés ; la seule mesure qu'on pourrait leur imposer, serait de rebâtir leurs villages dans des lieux moins expugnables. Ce voisinage aurait l'avantage de fournir de bons ouvriers, qui ont l'habitude d'aller au loin chercher du travail.

Les nomades, ou Arabes proprement dits (arabe veut dire pasteur) ont, au contraire, résisté jusqu'à ce jour à tous les efforts tentés pour les obliger à travailler.

On a essayé de leur faire construire des routes, en les exonérant de l'impôt, à cette condition. Les essais ont mal réussi. Comme muletiers, colporteurs, enfin dans toute occupation qui entraîne des courses et des déplacements, on les trouvera toujours empressés à gagner un modique salaire, mais dès qu'il s'agit de dépouiller le burnous et de faire usage de leurs bras, ni l'argent, ni la force, n'ont presque jamais pu jusqu'ici les décider à vaincre leur paresse naturelle.

V

Travaux pour attirer les ouvriers. — Chemins de fer.

D'après ce triste tableau des difficultés à surmonter et du peu de succès des efforts et des sacrifices déjà faits, il est évident que, toutes les tentatives de colonisation directe ayant échoué, il serait temps de songer à employer d'autres moyens qui, indirectement, arriveraient à populariser et par suite à peupler l'Algérie L'on n'a pas pu attirer les colons ; en attirant beaucoup d'ouvriers, un certain nombre restera peut-être, et les autres, éclairant les populations à leur retour au pays, détermineront le départ de familles entières. L'annonce de travaux de longue haleine amènerait aussitôt une quantité considérable d'Espagnols.

N'y aurait-il pas moyen, par les soins du gouvernement, ou mieux encore par l'entremise de grandes compagnies, de provoquer pour des entreprises particulières ou d'utilité publique des migrations d'ouvriers annuelles et périodiques, calculées sur la différence des saisons et du climat ? Dans tous les pays de montagnes en France, depuis novembre jusqu'en mai, les travaux extérieurs sont suspendus ; pendant cinq mois de l'année une multitude de bras restent sans salaire et sans emploi. En Algérie, les travaux de terrassement et de maçonnerie ne sont jamais interrompus par la gelée, il n'y a guère que soixante à quatre-vingts jours de pluie dans l'hiver. Et dans le sud, c'est pendant les trois mois d'été qu'il faut suspendre les travaux. Avec le secours des chemins de fer qui, pour une somme modique, vous transportent en soixante ou soixante-dix heures de Paris à Alger, Oran ou Philippeville, l'exécution d'un tel projet serait possible aujourd'hui. Ce courant annuel une fois établi, on verrait s'y confondre avec empressement ces Belges, ces Allemands des bords du Rhin qui chaque été vont par troupes travailler aux moissons de France ; puis les Maltais, les Italiens, les Espagnols donneraient bientôt à ces troupes de travailleurs l'importance d'une armée.

Quelques conditions seraient nécessaires au succès de l'entreprise. Et d'abord une scrupuleuse exactitude à remplir envers les ouvriers les engagements pris, et un respect minutieux de l'indépendance et de la liberté des individus. Il est indispensable que chaque ouvrier ait, en partant, un billet de retour gratuit et nominal à valoir sur le salaire futur ou la prime d'engagement et strictement personnel, afin que les entraînements du cabaret ne l'exposent pas à se priver des moyens de regagner son pays. L'assurance et la facilité du retour seront le gage de son départ. En second lieu, les bâtiments devraient procurer un abri aux voyageurs de troisième classe. Leur situation actuelle à bord est presque intolérable et présente pour la santé des familles un danger certain par les mauvais temps. Les wagons découverts ont été supprimés sur les chemins de fer ; pourquoi sur les navires ne pas exiger un abri dans l'entre-pont?

Deux branches de grands travaux offrent surtout un aliment indéfini à l'activité de nombreux ouvriers : les barrages pour l'irrigation et les lignes de chemins de fer.

Quels ne seraient pas les avantages indirects que la colonie en retirerait? L'habitude prise par les populations de considérer l'Algérie comme une des parties de la France et comme un lieu d'où l'on revient avec facilité et sécurité ; le prix de la main-d'œuvre abaissé ; des chefs d'atelier, des entrepreneurs, hommes intelligents et pratiques qui, après plusieurs années, comprenant bien les conditions de cette contrée nouvelle, ne s'établiraient que pour réussir, ou iraient montrer en France qu'après quelques années de travail on peut rapporter au pays de quoi fonder une honnête aisance: tels seraient les avantages positifs que notre établissement trouverait dans l'exécution d'importantes entreprises. Il est peut-être encore plus utile de faire voir à la France, dans l'intérêt de la colonie, beaucoup de gens qui en reviennent, que beaucoup de gens qui y vont.

Les chemins de fer, outre leurs avantages connus, ont un renom qui place tout de suite un pays dans l'opinion générale comme ayant atteint un degré élevé de civilisation. Seulement, ici, il faut renverser le point de vue ordinaire de la question ; les chemins de fer seraient les créateurs certains, quoique indirects, de richesses considérables, au lieu d'être le résultat et le moyen d'exploitation de richesses déjà créées. Actuellement, pris en eux-mêmes, seraient-ils une bonne affaire? Voilà le problème difficile à résoudre. Cela paraît improbable aujourd'hui, au moins pour une grande partie des tracés, mais on peut penser sans présomption que la durée des travaux et les premiers temps d'exploitation suffiraient à grouper une population très nombreuse près des lignes. La demande croissante en France du blé, du bétail, des laines, dont la production peut être indéfinie, alimentera un mouvement considérable. Que sera-ce lorsque le coton et d'autres cultures auront acquis les développements qu'ils promettent? Des arrangements ont déjà été proposés par de grandes compagnies, à la condition de vastes concessions de terrains. Dans les limites de la prudence, quel meilleur emploi pourrait-on faire d'une partie de ces riches espaces appartenant au domaine et aujourd'hui improductifs? L'intérêt de puissantes associations serait le plus sûr et le plus rapide moyen de colonisation qu'on pût créer. Les efforts du gouvernement et le simple élan de la population n'ayant pas obtenu de succès suffisants, il n'y aurait rien de mieux à tenter. Un écueil grave à éviter serait la concession de simples têtes de lignes. En effet, des têtes de chemins se dirigeant de l'intérieur vers la mer deviendraient immédiatement productives, mais quelle compagnie voudrait ensuite se charger des lignes inférieures, parallèles à la mer, si elles trouvaient l'accès des grands points commerciaux occupé déjà par des compagnies maîtresses de dicter telles conditions qu'il leur plairait, pour prêter leur voie comme débouché à ces lignes nouvelles. Il serait donc important de n'accepter que deux compagnies, celle de l'Est et celle de l'Ouest, qui compléteraient à elles seules le réseau de l'Algérie. Tout le système se réduit à ceci : une ligne dans l'intérieur, parallèle à la mer avec trois ou quatre têtes de chemin venant aboutir aux ports d'Alger, d'Oran, de Philippeville ou de Bone. Les études déjà complètes, depuis Alger jusqu'à Oran, ne présentent qu'un point difficile, c'est un tunnel de 300 mètres. Sur le reste du parcours, les travaux d'art sont presque nuls et la dépense n'est évaluée qu'à 90,000 francs par kilomètre.

De Constantine à Philippeville, les études sont faites aussi. Trois années suffiraient pour livrer à la circulation la moitié de la distance jusqu'au tunnel qui doit percer le col d'El-Kantour, et cinq ans pour compléter la voie dans son parcours total.

Le commerce est déjà assez actif dans cette direction pour que, d'après des calculs positifs,on doive compter sur des bénéfices suffisants. Le chemin de Constantine à Alger, quoique non moins utile que les autres, rencontrerait plus d'obstacles à vaincre.

Au point de vue militaire, l'utilité des voies ferrées est évidente. La mobilité étant une des qualités les plus essentielles de l'armée, tout ce qui contribuera à porter rapidement des troupes d'un point à un autre diminuera les difficultés de l'occupation, et facilitera la réduction de l'effectif.

En résumé, les chemins de fer avec leurs chances bonnes ou mauvaises sous le rapport de la spéculation ne doivent pas en Algérie être le résultat et comme le couronnement d'un ordre de choses avancé, mais plutôt, ainsi que dans certaines parties de l'Amérique, un moyen de civilisation et en quelque sorte un pont jeté entre les sources éloignées et éparses de richesses et de civilisation, faisant disparaître la distance et reliant entre eux, à travers de vastes espaces encore inhabités, les lieux déjà peuplés.

VI

Barrages. — Irrigations.

Une autre branche de travaux, moins populaires, moins connus, mais non moins profitables, serait les barrages pour l'irrigation. Nous avons conquis le sol de l'Afrique par les armes, c'est par des travaux d'art qu'il faut aujourd'hui lui conquérir la fécondité.

Qu'on réfléchisse à l'importance de l'irrigation en Algérie. Aujourd'hui, dans beaucoup de localités, l'hectare de terre non arrosable se vend 70 francs, la même étendue arrosable vaut 170 francs; à l'heure présente, l'eau donne donc au sol une plus-value de 100 francs par hectare, c'est-à-dire de plus du double. L'Algérie pourra toujours nourrir une population importante; mais, sans irrigations, jamais elle n'atteindra une prospérité réelle et générale.

Dans le sud, la constitution du pays semble se prêter merveilleusement aux travaux qu'on voudra entreprendre. En effet, lorsqu'on s'avance vers le Sahara, on rencontre une suite de petites plaines, régulièrement entourées de montagnes, comme de vastes cirques, d'une étendue de 20, 30 ou 40 mille hectares, tantôt plus, tantôt moins, mais presque toutes fermées par un col ou défilé entre deux collines ou par une gorge entre des rochers. On pourrait choisir une ou deux de ces dernières plaines inhabitées qui conviendraient parfaitement comme réservoirs. Il n'y aurait qu'à fermer par une digue l'ouverture par laquelle les eaux s'échappent des montagnes vers le sud, et l'on aurait ainsi, tout le long du Sahara, une suite de lacs artificiels d'un niveau supérieur, qui répandraient la richesse et la fécondité à plusieurs lieues dans le désert. Souvent aussi une rivière débouche des montagnes par de longs défilés si étroits que, pour y passer, il faut marcher dans l'eau; les rochers à pic n'offrant pas d'espace où poser le pied. Le site rappelle la Via Mala, en Suisse, et la gorge de Gavarni, dans les Pyrénées. Soit que les rivières traversent une succession de plaines, soit qu'elles sortent de longs défilés, ces dispositions sont également favorables.

D'un côté, on obtiendrait des lacs étendus d'une moindre profondeur, de l'autre, des réservoirs étroits et profonds qui auraient l'avantage de présenter peu de surface à l'évaporation.

Sauf la distance des établissements européens et les grandes chaleurs de l'été, les travaux présenteraient peu de difficultés; les pierres sont généralement à pied d'œuvre, et les ouvertures à fermer sont souvent si étroites, qu'un barrage de trente ou quarante mètres de long serait suffisant. Quant à la hauteur de l'ouvrage, elle serait en chaque lieu proportionnelle au niveau des terrains d'arrière-plan.

Il est constaté qu'il pleut en Algérie autant qu'en France; seulement, si ce n'est dans les régions élevées, les pluies sont accumulées sur une moyenne de soixante-dix à quatre-vingts jours; en hiver elles sont torrentielles, et les rivières qui roulent pendant deux ou trois mois un volume d'eau parfois effrayant ne fournissent ensuite, pendant neuf mois, qu'un courant très faible, quoique régulier. Dans les hautes montagnes, les pluies durent plus longtemps, et sur les cimes la neige ne disparaît complètement que vers la fin d'avril. C'est de ces torrents irréguliers qu'il s'agirait de tirer le meilleur parti possible. Le premier effet de ces inondations factices et prolongées serait d'abreuver et de saturer d'eau des masses de terres, souvent brûlantes aujourd'hui à côté d'un torrent dévastateur, et d'en faire comme une vaste éponge qui, bien imbibée pendant six mois de l'année, rendrait toutes les sources existantes doublement puissantes, et peut-être en créerait de nouvelles.

De novembre à mars, les pluies, la neige des montagnes feront déborder les réservoirs; les terribles orages qui parfois éclatent sur les hauteurs viendront les remplir encore; mais en fournissant régulièrement la même quantité d'eau, qui aujourd'hui alimente les oasis, pourra-t-on espérer doubler ou tripler pendant toute l'année les irrigations, ou bien ne gagnera-t-on que deux ou trois mois? Ce sont des questions auxquelles l'expérience seule peut répondre. L'importance des avantages que donneraient ces travaux est évidente; mais la limite ou l'étendue de ces avantages est impossible à fixer.

L'évaporation énorme, causée par un soleil de 45 degrés, pendant trois mois au moins, n'absorbera-t-elle pas l'eau en totalité? Les réservoirs, baissant peu à peu par la consommation et l'évaporation, n'est-il pas à craindre que les terrains humides, ainsi exposés progressivement aux ardeurs du soleil, ne produisent des émanations dangereuses? Il n'y a probablement pas lieu de le craindre; des étendues relativement fort restreintes ne sauraient influer sur la salubrité générale; d'ailleurs ce sont moins les terres humides que les terres remuées qui répandent la fièvre.

Le plus sérieux inconvénient serait ces terrains qui produisent le sel, ce qui rendrait les eaux amères et d'une utilité nulle ou inférieure. Les grands lacs ou étangs salés, qu'on rencontre souvent dans l'intérieur, dénotent la présence fréquente du sel dans la composition du sol. Néanmoins, la tentative vaut la peine d'être faite; de l'abondance des eaux qui arroseront le Sahara, dépendent à la fois l'application du système du refoulement des Arabes et la culture du coton. Cette production, dont le succès absolu paraît n'être assuré que vers le sud de l'Atlas, tient uniquement à la quantité d'irrigations qu'on parviendra à obtenir; si on réalisait l'exécution des barrages, aidés des puits artésiens, cette culture pourrait s'établir et prospérer sur une ligne peu large il est vrai, mais dont la longueur, entre les frontières de Tunis et du Maroc, égalerait à peu près la distance qui sépare Dunkerque de Port-Vendres. Cette immense zone ainsi cultivée changerait les données du commerce. Les Anglais, déjà attentifs, viennent curieusement regarder nos essais qui, du moins en partie, feraient peut-être échapper leurs manufactures au monopole des États-Unis.

En outre, les populations indigènes, refoulées vers le Sud, trouveraient dans de nouvelles irrigations le moyen d'assurer leur existence, en créant des oasis plus multipliées et des moissons d'orge abondantes.

De semblables ouvrages ne sont pas sans exemples. On voit encore en Espagne, dans certains vallées, fonctionner de vastes réservoirs, nommés pantanos, qui font la richesse des plaines inférieures. Les citernes de Salomon, en Judée, encore existantes quoique abandonnées, rendaient fertile un pays aujourd'hui désert. Ces exemples, appliqués et multipliés sur toute la ligne du désert, deviendraient une des plus belles créations qu'il serait donné à l'industrie humaine d'accomplir.

Considérés dans leur ensemble, les barrages présentent une entreprise qui, au premier abord, paraît gigantesque; mais l'exécution de chacun d'eux serait locale et indépendante. Le travail, exécuté sur un point, peut, dès l'année suivante, donner tous ses résultats et il n'est pas besoin, comme pour des canaux ou des chemins de fer, d'attendre la fin de travaux éloignés pour que le capital dépensé rapporte un revenu. Il ne faudrait donc pas s'effrayer de la grandeur d'une œuvre toute de détail, où chaque pas serait marqué par des bienfaits immédiats.

Les phénomènes du climat et la configuration du sol sont tout préparés pour favoriser ce système. L'Algérie tout entière n'est qu'un groupe de montagnes jeté entre la mer et l'immense plateau central du continent africain formant comme un vaste laboratoire à faire de l'eau créé par la nature. Les vents de l'Atlantique et de la Méditerranée, saturés d'humidité, viennent se rencontrer sur le sommet de l'Atlas avec les vents brûlants du désert où il ne pleut jamais : la combinaison et la lutte de ces éléments contraires produisent ces neiges et ces pluies abondantes, providence du nord de l'Afrique, qui établissent si nettement une ligne de démarcation entre la fertilité de l'Algérie et la stérilité du désert.

Dans tout le reste de l'Algérie, il faudra exécuter des travaux du même genre. On devra soumettre les eaux coulant vers le nord au même régime que les eaux du Sud, en sorte que la chaîne entière des montagnes ne soit qu'une grande fabrique et un réservoir d'eaux fertilisantes, qui déverseraient leurs richesses sur les bords du désert comme sur les rivages de la mer.

Si les grands barrages étaient exécutés d'avance, et les deux ou trois grands fossés principaux de chaque système creusés avant l'occupation par les colons, on aurait l'avantage de créer les centres de population d'après les irrigations, au lieu d'avoir à soumettre les travaux aux exigences des établissements déjà fondés. L'administration n'aurait plus qu'à livrer le gouvernement des eaux à des syndicats composés d'habitants élus qui régiraient la distribution d'après des règlements préparés. Il paraît certain que pour des concessions d'un quart ou d'un cinquième de chaque territoire irrigable, de petites associations accompliraient ces travaux. Il ne faudrait pas craindre de rendre les premières opérations très lucratives; le penchant contraire existe malheureusement dans la tradition des bureaux et pourrait devenir un obstacle à ces entreprises.

La Mitidja offre, par son voisinage du pouvoir central, par sa population européenne relativement considérable, par ses avantages naturels, le meilleur et le premier point d'expérience. Cette fertile plaine de 225 lieues carrées ou de 200,000 hectares est couverte d'une épaisse couche de terre végétale. Elle est entourée de montagnes disposées en amphithéâtre, qui répandent leurs eaux par cinq ou six rivières assez importantes et qui coulent toute l'année.

Dans les endroits les plus marécageux, il n'y a pas un seul point qui ne soit suffisamment élevé au-dessus du niveau de la mer.

La France possède, il est vrai, des contrées où les irrigations sont pratiquées; mais, en raison d'une disposition du sol analogue et de l'exécution parfaite du système, le royaume de Valence, en Espagne, doit servir de modèle à la Mitidja qui dépassera encore en richesse la fameuse Huerta espagnole, car ses rivières sont plus nombreuses et la plaine plus étendue.

Pour atteindre ce résultat, le travail consisterait à construire, soit à l'issue, soit au point le plus étroit de chaque gorge ou vallée, un barrage en maçonnerie, obstacle assez élevé pour conserver une grande masse d'eau, imbiber pendant tout l'hiver la plus grande quantité possible de terres supérieures, et créer, par l'infiltration, une réserve en vue des sécheresses de l'été. Puis il faudrait quelques canaux principaux, allant à droite et à gauche, du pied de la montagne à la mer, sur une largeur proportionnée à l'importance du cours d'eau, canaux sur lesquels viendraient s'embrancher les rigoles des propriétés voisines.

Les barrages inférieurs seraient peu importants; il suffirait de quelques mètres de maçonnerie jetés en travers du lit de la rivière, et destinés seulement à relever son niveau à la hauteur des rives.

La richesse que l'arrosement procure à la terre sous ces climats est incroyable. Ainsi, à Valence, un champ de luzerne produit sept récoltes dans la même année; les terres, labourées à l'araire, donnent trois récoltes, une de blé, les deux autres de maïs, de chanvre, de fèves ou de carottes. Les Valenciens, par exemple, emploient beaucoup d'engrais qu'ils ramassent avec grand soin dans la ville, dont ils se gardent bien de paver les rues; ils élèvent en outre dans leurs champs de petits monticules de terre, qui, brûlée lentement, leur fournit une sorte de chaux très active. Les orangers, les oliviers, sont innombrables; les cultures industrielles, les huertas ou jardins, donnent d'énormes bénéfices.

Les terrains non arrosés ne restent pas improductifs; ils sont couverts de caroubiers greffés, dont le fruit sert à nourrir le bétail, et de vignes qui rapportent dès la seconde année et fournissent ensuite plusieurs kilogrammes de raisin par chaque pied.

VII

Cultures de l'Algérie.

Les cultures de l'Algérie se divisent, comme son climat, en zones distinctes qui donnent à ce pays un ensemble et une variété de richesses incroyables. Toute la bordure du Sahara est parsemée d'oasis, répandues à diverses distances les unes des autres sur une immense plaine stérile, où ne croissent de place en place que quelques petites touffes de plantes propres à la nourriture des bestiaux pendant l'hiver. Le dattier, que les habitants cultivent par centaines de mille, rapporte déjà quelque profit au bout de cinq ans; dans sa pleine valeur, il donne cinq francs par pied en moyenne et consomme environ vingt litres d'eau par jour. Sous son ombrage sont cultivés des figuiers, des abricotiers, des orangers, de la luzerne, de l'orge, des légumes. Chaque dattier paie cinq sous d'impôt, le reste en est affranchi. Au printemps, on voit les Arabes, pour assurer la fructification, grimper sur le sommet des palmiers; insouciants du balancement de ces tiges élancées, ils portent sur chaque arbre un bouquet de la fleur du palmier mâle, qu'ils attachent avec soin au centre de la gerbe de feuillage. Autour des oasis, sont cultivés d'immenses champs d'orge ; ces champs sont déjà un bienfait de notre occupation ; auparavant, toutes les oasis étaient ravagées par les troupeaux des nomades qui les laissaient paître partout sur leur passage. Les barrages des montagnes permettraient d'étendre ces cultures indéfiniment, car la maturité de l'orge à la fin d'avril correspond à peu près aux dernières pluies dans les montagnes.

Pour semer le coton, la terre est préparée dans le mois d'avril ; les semences, humectées et chauffées d'avance au soleil, lèvent en trois ou quatre jours ; il n'y a plus que deux binages à faire, à irriguer convenablement, et la récolte ou cueillette se fait en plusieurs fois à la fin de l'été. Les plantes annuelles et l'espèce Géorgie, longue soie, paraissent fournir les meilleurs produits. Les bénéfices qu'on prévoit comme certains sont magnifiques ; on parle de mille francs nets par hectare. Les efflorescences salines qui couvrent et blanchissent la terre comme une couche de neige, indiquent dans le sol la présence du sel, très favorable à la végétation du coton.

Il sera difficile de faire exécuter les travaux par les

Européens; on espère les obtenir des indigènes qui seuls peuvent supporter une température habituelle de 45 degrés pendant l'été.

Sur les pentes sud de l'Atlas se présente une région de landes montagneuses toute différente, couverte d'une petite plante poussant par touffes, nommée alpha, qui peut nourrir d'innombrables moutons pendant toute l'année. Ces pâturages occupent une étendue qu'on porte à 12 millions d'hectares; on estime qu'ils suffiraient à la nourriture de 5 moutons par hectare ou de 60 millions de moutons. Si l'on profitait de cet espace, on n'aurait certes rien à envier à l'Australie. La laine, en Algérie, n'a pas encore une qualité supérieure; la confusion des races donne des produits mêlés qui ne sont pas assez homogènes pour avoir de la valeur dans le commerce; mais le classement des espèces et leur amélioration par elles-mêmes amèneront bientôt de bons résultats. L'essai de croisement avec les races étrangères n'a pas réussi jusqu'ici. La manière des Arabes de couper les toisons avec des faucilles a de grands inconvénients pour la laine et les animaux. Aussi l'administration, dont le zèle s'étend à tout, a-t-elle fait distribuer cette année jusqu'à 20,000 paires de cisailles de France, excitant les indigènes, par des récompenses et des concours, à se servir de ces instruments, bien supérieurs pour la tonte.

Plus loin, dans la chaîne du grand Atlas, on rencontre des forêts de thuyas, de genévriers, hauts de dix, quinze et vingt pieds, des bois de tamarins, de lentisques arborescents. En s'élevant encore, on trouve des sapins et enfin des cèdres qui couvrent des montagnes entières et fournissent des pièces de charpente magnifiques.

Au milieu des gorges et des défilés, on tombe parfois à l'improviste dans des espèces de cirques naturels, entourés des rochers les plus fantastiques; quelques sources y alimentent un village souvent considérable, dont les jardins, cultivés par les Kabyles, rappellent les jardins de France. A côté du palmier et de l'olivier, s'élèvent le pommier, le noyer, l'abricotier, la vigne, les ruches d'abeilles, qui sont une richesse considérable. Les escarpements autour de ces villages sont tels, que les indigènes y occupent des retraites où l'on ne peut parvenir que par des cordes ou des échelles. C'est ainsi qu'ils échappaient aux ravages des nomades et qu'ils se sont tant de fois dérobés à nos armes.

En redescendant vers le nord, on trouve des vallées, des plaines qui produisent les céréales et, spontanément, les plus riches fourrages; le trèfle incarnat, la luzerne, le sainfoin, poussent sans culture et engraissent en peu de temps les troupeaux amaigris par l'hiver. Malheureusement, les Arabes n'ont jamais su récolter de fourrages; les Européens seuls le font un peu. Les animaux peuvent vivre dehors tout l'hiver, si ce n'est pendant six semaines environ; ce temps est ordinairement la période des approvisionnements, souvent trop restreints, des fermiers français.

Sur les pentes du petit Atlas, dans les plaines qui bordent la mer, la variété des productions devient infinie. La couche de terre végétale y est profonde, et la végétation vigoureuse du palmier nain et des autres plantes parasites, qui font d'abord le désespoir du colon, révèle la fécondité du sol. Dans beaucoup de lieux les puits rencontrent l'eau à 3 ou 4 mètres. Des bois d'oliviers sauvages en partie greffés aujourd'hui malgré leur âge avancé, promettent des flots d'huile dans quelques années; des chênes-lièges, des trembles, des sycomores, des vignes, des mûriers, qui poussent des jets de deux mètres par an, des arbres fruitiers de toute espèce se rencontrent en maints endroits.

Un arbre, pourtant très précieux, est rare et partout négligé, c'est le caroubier. Il pousse sur n'importe quelle terre végétale, quelque brûlée qu'elle soit. A Valence il rend d'immenses services pour la nourriture des bestiaux; pendant les temps de pluies et de sécheresse, ses gouttes abondantes et sucrées sauveraient bien des animaux. A Naples, c'est la nourriture presque exclusive des chevaux, et, en Espagne, la culture en est si soignée, que sur chaque arbre femelle on a soin de greffer une branche du mâle pour assurer la fructification.

Les blés, le sorgho, toutes sortes d'autres productions agricoles ou industrielles, enfin le tabac, dont le succès universel est assuré par l'expérience, offrent de superbes résultats.

L'administration a acheté cette année pour six millions de tabac. Un hectare de cette plante, malgré la main-d'œuvre et les soins nombreux qu'elle exige, rapporte net cinq cents francs par an. Aussi cette culture prend-elle chaque jour un plus grand accroissement.

Le palmier n'est plus dans ces régions qu'un arbre d'ornement ; mais l'oranger et le citronnier y donnent des fruits abondants qui s'exportent déjà en grandes quantités. Des essais révèlent journellement de nouvelles richesses; l'azédarac, arbre qui fournit en abondance des graines oléagineuses, réussit complètement. Une nopalerie pour la cochenille aurait rapporté, dit-on, en une campagne, après plusieurs années de tâtonnements et de dépenses, il est vrai, trente mille francs de revenu sur une étendue d'un hectare.

Les terrains maraîchers des environs d'Alger, arrosés seulement au moyen de norias ou puits à chaînes de godets manœuvrés par un âne, produisent des récoltes de légumes et de pommes de terre nouvelles pendant les douze mois de l'année, et se louent jusqu'à mille francs l'hectare.

Si l'on dessinait une carte agricole de l'Algérie, on pourrait la diviser en cinq zones distinctes. La première, au sud, le long du Sahara, indiquerait la culture des oasis, les palmiers et les colons. Une seconde bande marquerait la région accidentée des pâturages d'alpha pour les moutons. Ensuite, viendraient les hauts sommets des montagnes couvertes de forêts; puis, sur les pentes du nord, les plateaux et les collines où croissent les céréales et les fourrages naturels; enfin une dernière zone, le long de la mer, désignerait les cultures industrielles, les terrains produisant le tabac et les plantes les plus variées. Sans être absolue, cette division indique les principales richesses agricoles de l'Afrique française, qui plus qu'aucun autre pays a reçu en partage une terre fertile et un soleil fécondant; elle n'attend que deux choses: le travail d'une population nombreuse, qu'elle paiera au centuple, et l'eau qu'elle possède en abondance et qu'il ne s'agit que de régler et de distribuer dans des conditions favorables.

VIII

L'armée.

Ces provinces étendues, cette sécurité complète, ces richesses à venir, c'est à l'armée, et à l'armée seule que nous les devons. En effet, pendant de longues et tristes années, elle fut secondée seulement par un instinct confus du pays qui, par une sorte de point d'honneur plus fort que la mauvaise volonté de beaucoup d'hommes d'État, répugnait à voir abandonner une conquête, dernier legs d'une race qui eut le singulier et glorieux privilége d'être, entre tous les divers pouvoirs qui nous ont régis, le seul qui ait su ajouter et conserver une province à la France. Peu de mois après la prise d'Alger, le chef du gouvernement disait lui-même à ses ministres, en leur proposant l'abandon de l'Algérie : « Les plus courtes folies sont les meilleures. » Heureusement qu'il se rencontra des hommes plus fiers pour épargner ce fâcheux début à son règne et préparer à de jeunes princes une glorieuse école et une réputation de bravoure justement méritée.

Quelle ne devait pas être l'indignation de nos soldats, lorsqu'au milieu des fatigues et des combats ils se voyaient refuser les secours nécessaires, et entendaient de loin des paroles injustes de blâme et d'impatience réclamant une colonie prospère et tranquille, lorsqu'il ne s'agissait que de combats à outrance contre la population la plus belliqueuse du monde.

La guerre, là non plus, quoique moins meurtrière qu'en Europe, n'est pas un jeu d'enfants; les prisonniers tombant aux mains des Arabes s'estimaient parfois heureux d'être décapités d'un seul coup. Souvent livrés aux femmes, ils ont péri dans les tortures. Et ces combats d'hier en Kabylie, dans lesquels en une matinée 500 hommes sont restés sur le champ de bataille; où les soldats d'Inkermann et de Malakoff ont trouvé à déployer leur valeur, ne font-ils pas ressortir le courage et la persévérance d'ennemis que vingt-sept ans de victoires n'ont pu abattre? Sous l'empire de Rome, ces braves auraient vu bâtir pour eux des villes opulentes avec des bains, des amphithéâtres, dont à chaque pas l'Afrique nous montre encore les débris. Des champs fertiles auraient été partagés entre eux et, comme les vieux légionnaires d'Auguste, ils auraient joui du fruit de leurs travaux dans l'abondance et la tranquillité; au lieu de cela, nos soldats, simples et dévoués dans leur désintéressément, retournent au village, sans économies et sans ressources, endosser la blouse du vigneron ou du journalier et, bien que fiers, au fond de leur cœur, des brillants combats qu'ils ont livrés, ils ne songent ni à se prévaloir ni à se vanter même de leurs glorieuses fatigues, qu'ils regardent simplement comme le devoir accompli.

Lorsqu'on a vu les pentes impraticables, les gorges et les rochers théâtre de tant de combats; quand on a senti les ardeurs de ce soleil qui ne saurait être affronté sans danger, et qu'on a éprouvé, avec le souffle énervant du siroco, l'anéantissement physique et moral qu'il produit, on se sent pénétré d'une profonde admiration pour l'armée qui a conquis ce vaste et difficile pays, au prix non pas seulement de combinaisons stratégiques, mais bien de l'opiniâtreté individuelle et inébranlable des soldats et des officiers.

Le récit d'une des dernières razzias donnera une idée des courses imposées à nos soldats. Un soir, un bataillon d'infanterie est prévenu que l'on se met en route le lendemain matin. A trois heures on est en marche ; à midi on croit s'arrêter pour camper, mais une heure seulement est accordée pour la soupe. A six heures, nouveau temps d'arrêt ; les chefs sont appelés au centre, le commandant donne l'ordre de marcher dans une demi-heure ; une seule note de clairon sera le signal ; il est expressément défendu de parler, de fumer, de s'écarter un moment ; la rivière est auprès du chemin, défense d'aller y étancher sa soif. Il pleut toute la nuit. A minuit on fait halte quelques minutes pour reformer la colonne. Une heure avant le lever du soleil, on suspend la marche. Sans quitter le rang, on visite, on amorce les armes ; l'ordre suivant circule à voix basse : « Il n'y a plus que deux lieues à faire, on les fera en courant. » On part au pas gymnastique ; avec le premier rayon du jour, on descend à toutes jambes sur une plaine couverte de tentes, de troupeaux et de douars endormis ; on se précipite, on se bat, on renverse tout ; puis on rassemble les troupeaux enlevés, et vers dix heures du matin le soldat se met à déjeuner, enchanté d'avoir fait un si bon tour.

Après de telles courses, qui songerait à blâmer l'usage qui s'était établi de donner aux troupes, de même que chez les marins anglais et français, une part de prise dans les bénéfices de la vente des bestiaux et autres objets ravis aux tribus rebelles? La part du soldat était de 20, 40 et quelquefois de 60 fr. Les officiers avaient deux, quatre ou dix parts, selon leur grade. On ne risque pas sa vie pour vingt francs; mais quelle joie pour le pauvre militaire exilé dans de tristes cantonnements de pouvoir, de temps à autre, dépenser une petite somme dans les cafés et d'oublier, durant quelques jours, ses fatigues et son ennui!

On a beaucoup attaqué récemment l'institution si utile des bureaux arabes. Tout ce qui n'est pas militaire en Algérie manifeste contre eux une violente animosité. Il est évident que, dans la transformation du régime actuel, bien des résistances viendraient de l'armée malgré son dévouement. Elle domine aujourd'hui en maîtresse absolue; elle a d'un nouveau mode de gouvernement une défiance justifiée par le niveau peu élevé de l'élément civil qui, jusqu'à ces derniers temps, a pu se montrer en Afrique. Il sera pénible de renoncer aux charmes d'une autorité quasi-proconsulaire, que procurent les grades, même les moins élevés, et l'on en voit déjà des indices certains à la protection, souvent exclusive, donnée aux Arabes qui, soumis et tremblants devant le signe du grade militaire, font à l'officier une position que la présence des colons tendra chaque jour à diminuer.

L'existence des bureaux arabes surtout est intimement liée à la conservation de l'élément arabe sans mélange. Dans le sud, cette autorité pourra être conservée avec avantage; mais il faut la tenir à distance des établissements purement européens; à tort ou à raison elle éloigne les colons.

Il y aurait mauvaise grâce à parler d'argent à des hommes qui ont prodigué leur sang en tant d'occasions; mais une classe entière de dépositaires de l'autorité à la fois civile, judiciaire, administrative et financière. qui fixe et perçoit les impôts et les amendes à son gré et sans contrôle possible, peut-elle espérer d'échapper à mille accusations pénibles, et n'est-il pas en dehors de toute probabilité humaine que des abus graves ne se glissent pas dans une telle administration? Tolérable au début d'une conquête, cet état de choses ne peut être définitif, ni prendre droit de cité sur une terre française. En revanche, il faudrait donner aux chefs des bureaux arabes un traitement convenable qui, ajouté à la solde ordinaire, leur permît de tenir un état en rapport avec leur position et indispensable pour commander aux indigènes et leur inspirer le respect.

Mais il faut se garder de détruire complètement une institution nécessaire qui convient parfaitement à l'essence même de la nature arabe. Chaque peuple a un esprit avec lequel il faut compter; des nations, fort éclairées pourtant, ont un caractère qui ne saurait sans trouble supporter au delà d'un certain degré de liberté; chez elles, l'idée de l'autorité disparaît quand elle n'a d'autre base que le respect volontaire et unanime de tous, et on les voit bientôt réclamer plus de précision dans les formes du pouvoir. Ainsi les Arabes ne comprennent l'autorité que sous la forme despotique ; il faut donc garder cette forme ; seulement, il faut exiger que le despote soit juste, paternel et surtout désintéressé. Ces conditions ne sauraient être obtenues que par un sévère contrôle, étranger à tout esprit de corps et par le choix rigoureux des individus ; car leur autorité portera toujours, malgré tout, l'empreinte des qualités ou des faiblesses de la personne.

Pendant la dernière guerre de Crimée, c'est au pouvoir énergique de l'armée et des bureaux arabes qu'on a dû de conserver l'Algérie tranquille, tandis qu'il n'y avait pas dix mille hommes de troupes françaises dans tout cet immense pays, et qu'à Alger même, beaucoup de postes étaient confiés à la garde nationale. C'est grâce à eux que la domination française a pu pénétrer profondément dans la tribu et jusque dans la famille arabe et descendre dans les derniers replis mystérieux de cette nationalité hostile, qui cherche toujours à se dérober à nos investigations ; c'est par eux seulement qu'on est arrivé à connaître les intérêts, les préjugés, les divisions, les haines des indigènes, et que l'on est parvenu à divulguer leurs mensonges et leurs secrets. Cette institution est un instrument de conquête et de domination excellent qui a fait ses preuves ; malgré toutes les accusations, parfois justes, qui pèsent sur elle, il faut précieusement la conserver, mais la réformer sans la détruire, et lutter contre sa tendance à favoriser les Arabes afin de rester maîtres de la situation et débarrassés des contraintes du voisinage européen.

Ce qu'a fait l'armée pour l'Algérie est immense; mais il est permis de dire qu'à elle seule elle ne peut plus rien au delà, et qu'avant peu la colonie n'aurait qu'à perdre à la durée de sa domination exclusive. Toutefois, que l'on comprenne bien toute la délicatesse de cette situation transitoire; il est aussi difficile pour le présent de se passer de l'armée que de prospérer dans l'avenir en la conservant comme souveraine absolue. Les fonctionnaires civils n'ont que l'ombre et le titre de l'autorité; l'influence et le pouvoir réels sont tout entiers dans les mains des chefs militaires. Afin de la remplacer peu à peu, le premier besoin serait donc la formation de fortes personnalités civiles, compagnies ou riches individualités agricoles, industrielles ou commerciales, dont la voix serait assez puissante et l'existence assez considérable pour faire valoir tous leurs droits et mettre en lumière les vrais intérêts de la colonie.

Deux des moyens principaux que nous avons indiqués seraient la création de chemins de fer, et l'abandon d'une partie du domaine de l'Etat à une administration provinciale. Personne n'a pu ni ne pourra coloniser directement l'Algérie; il faut que sans préventions ni systèmes elle soit lancée dans la bonne voie, et bientôt elle se colonisera d'elle-même.

L'idée d'envoyer des condamnés en Afrique est pernicieuse et redoutée.

L'introduction d'Indiens ou de nègres paraît prématurée et peu populaire. Tous les efforts devraient tendre à attirer une nombreuse population méditerranéenne qui fondrait une colonie, non pas comme aux Antilles ou dans les mers des Indes, mais une province française, peuplée d'Européens qui, dans le nord au moins, créeraient un pays libre et débarrassé des lourdes et difficiles questions des esclaves ou des engagés.

Qu'on commence des travaux sur une grande échelle en payant largement les prix courants du pays, et des rives de la Méditerranée accourra une foule de travailleurs; appelez des ouvriers, il viendra des colons; que les douanes ne fassent pas pour le commerce français un pays étranger de l'Algérie et les capitaux encourageront tous les essais. Puisque on doit reconnaître qu'on a peu réussi malgré de grands efforts et de lourdes dépenses, il faut prendre un grand parti et entrer dans une voie nouvelle, en tenant une juste balance entre les intérêts des colons et la protection équitable due aux indigènes.

IX

Religion. — Intérêt et facilité du voyage.

En fin de compte, c'est à notre profit qu'il faut faire la conquête, et l'on ne devrait craindre aucune des mesures tendant à affaiblir le fanatisme national et religieux des Arabes à l'avantage de notre civilisation. On est surpris de voir dans les établissements récents, auxquels la tradition mahométane n'attache aucun respect, s'élever par nos mains des mosquées neuves et soignées, tandis que l'église n'existe pas ou est à peine commencée, et que le culte catholique n'a d'autre abri qu'un hangar. Le musulman ne comprendra jamais qu'un homme professe une religion et en protège une autre; quant à la tolérance et à la liberté de conscience, c'est un ordre d'idées auquel il ne pourra sûrement pas arriver. Il n'attribuera cette condescendance qu'à la crainte ou à un aveuglement providentiel des ennemis de sa foi.

A l'origine, sans l'ombre de persécution ou même de tracasserie, on aurait pu laisser le culte de Mahomet s'abaisser par le désordre, l'ignorance et la pauvreté de ses prêtres, ou la dilapidation des biens des mosquées, et on aurait dû surtout se retirer complètement de la direction des affaires religieuses.

La religion est tout chez les Arabes ; c'est le seul lien politique et social. Toutes les révoltes ont eu le caractère de guerres saintes, et les chefs n'ont acquis d'autorité que par l'influence de la religion et de faux prodiges. Les lois n'ont de valeur que si elles découlent du Coran, et pourtant c'est par notre entremise que les prêtres musulmans reçoivent des honoraires réguliers. Les mosquées sont bâties et entretenues, les écoles musulmanes soutenues et encouragées par nous. Enfin, des coutumes et des règlements épars et confus sont coordonnés savamment en un code de lois fondées sur le Coran et appliqués par des indigènes (*Moniteur*, 29 mai 1857), de sorte que des affaires jugées jusqu'ici par des Français retournent à des juges arabes ; sans compter que ce nouveau code sera une aussi grande innovation que la loi française pour cette nation musulmane. N'aurait-il pas mieux valu, avec modération mais avec fermeté, lui imposer progressivement la civilisation chrétienne, de manière à ce que la justice et la sécurité lui apparussent comme émanant de la seule loi civile française ; jusque-là, la loi militaire eût été suffisante.

La polygamie et la propriété collective seront les principaux obstacles à l'influence de notre civilisation ; ces déplorables institutions ne sont pas moins fondées sur la religion que sur les mœurs des Arabes.

Ce n'est pas qu'en Algérie la religion catholique soit oubliée. Des orphelinats, des établissements utiles et prospères aujourd'hui, ont été créés ou soutenus par l'autorité militaire. La Trappe de Staouëli, maison de travail et de prière, a été élevée sur le théâtre de notre premier combat et de notre première victoire ; cette idée de consacrer à Dieu le terrain qui le premier fut arrosé du sang français, n'est certes dénuée ni de poésie ni de grandeur religieuse ; aussi tous les corps de l'armée ont-ils concouru avec zèle à cette œuvre pieuse.

Les médecins ont sur les indigènes une influence immense ; on a déjà essayé d'instruire quelques jeunes Arabes dans l'art médical. Mais on pourrait surtout, comme à Constantinople, créer de grandes écoles, confiées aux sœurs de charité, où les enfants de toute croyance viendraient s'instruire ; enfin, sans prononcer le mot de religion, il faudrait essayer tous les moyens pour propager la civilisation chrétienne.

La légèreté et la raillerie arabes seraient peut-être vaincues un jour, et qui sait si l'avenir ne verrait pas refleurir l'ancienne Eglise d'Afrique, dont les monuments sont encore visibles, après tant de siècles d'oubli ?

Nos antiquaires et nos savants connaissent tous les évêchés du temps de saint Augustin et savent assigner leurs noms aux lieux occupés jadis par les siéges épiscopaux. Les ruines des basiliques chrétiennes, les inscriptions, les tombeaux des martyrs éclairent l'histoire de cette Eglise, autrefois florissante.

Le voyageur curieux trouve le sujet de bien des courses intéressantes, et les érudits mille occasions de recherches et d'études parmi les ruines, les mosaïques, les médailles qui, dans l'Est surtout, couvrent le sol, et où quelques monuments restent même à expliquer. Strabon, l'Itinéraire d'Antonin, les auteurs chrétiens et arabes, enfin le docteur Shan et d'autres encore, donnent d'âge en âge des renseignements que les savants ont déjà vérifiés et mis en ordre. Depuis Cherchell, ancienne Cesarea, jusqu'à la frontière de Tunis, on suit les voies et les postes des Romains. Les villes nous montrent leurs arcs de triomphe, leurs théâtres, leurs bains et leurs cirques. Dans les inscriptions qui couvrent ces débris, on voit se dérouler tous les détails, les ressorts secrets, la vanité et la bassesse de cette vie coloniale, militaire et civile, qui, de Rome, recevait avec un empressement servile le joug des empereurs, dont le nombre et la rapide succession ne parvenaient pas à épuiser la flatterie ingénieuse et variée des municipalités de l'Afrique. Sur les tombeaux, de longues épitaphes le plus souvent rédigées d'avance par ceux mêmes qu'elles célèbrent ; on y constate la décadence graduelle du langage, qui emprunte, sous la domination du Bas-Empire, des caractères et des mots grecs mélangés aux latins, et où la découverte de grossières fautes d'orthographe vient charmer la sagacité de l'antiquaire.

Chaque jour, les musées s'enrichissent de débris

d'un style souvent assez pur. L'intelligence des recherches est souvent couronnée de succès; une inscription, par exemple, du comte Salomon, général de l'Empire grec, relatée par un auteur arabe, vient d'être en partie retrouvée aux lieux indiqués par lui. Les dévastations fâcheuses des premiers temps de l'occupation sont arrêtées, et la sollicitude éclairée des autorités veille avec soin à la préservation de tous ces monuments précieux.

L'on peut dès aujourd'hui se livrer en pleine sécurité aux explorations les plus lointaines. Le voyageur européen rencontre sur les grandes lignes, toutes les sept ou huit lieues, des caravansérails bâtis par le gouvernement, où, comme dans nos petites auberges de France, on trouve l'hôtesse empressée, au verbe un peu haut, qui vous accueille avec le plus pur accent champenois, gascon ou normand, et vous procure un gîte et un repas convenables. Après une journée brûlante ou desséchée par le vent du sud, on est heureux d'entrer dans ces refuges simples et propres, fatigué de tout un jour passé à cheval en pleine vie arabe, dans des contrées stériles ou d'arides défilés.

La route est souvent abrégée par des rencontres amusantes. L'Arabe, toujours curieux, cause avec vous quelques instants. Les riches voyagent rapidement, entourés de serviteurs montés sur des chevaux et des mules. Le maître, ralentissant son pas, vous demande l'heure, vous offre une cigarette, s'informe si vous êtes Anglais ou marabout, c'est-à-dire prêtre ou ministre. Si vous ne portez pas l'uniforme, un air d'aisance et de confortable ne lui laisse guère entrevoir d'autre position sociale. Il vous questionne sur le prix de votre montre, sur votre richesse ; si vous lui dites que vous êtes dans une situation indépendante, il s'étonne que vous ne soyez pas militaire ; il vous dit l'âge de son cheval, le fait bondir et caracoler, puis maître et serviteurs partent au galop, en riant aux éclats et en prononçant des bonjours et des bonsoirs dans le français le plus original.

Plus loin, un gros derviche à barbe blanche s'avance gravement, porté sur sa mule couverte d'une vaste selle de velours ; mais il arrive devant un marabout ; ses serviteurs le soulèvent doucement, le posent à terre, et respectueusement éloignés font derrière lui les prières et les prosternations prescrites, sans daigner jeter un regard à l'étranger qui passe.

Le respect humain est complètement inconnu à ces peuples ; jamais ils n'éprouvent le moindre embarras à accomplir leurs devoirs religieux, et les Arabes qui vous accompagnent n'hésitent jamais à vous demander de marcher en avant, ou de ralentir le pas quand l'heure de la prière est venue.

Mais pour jouir du spectacle de la vie libre et originale des indigènes, il faut s'éloigner beaucoup des grandes villes, car le roulage et les cabarets poursuivent déjà fort loin le voyageur curieux. Comme la sécurité des routes est complète et que, quelque part qu'on aille, on est toujours sûr de trouver à peu de distance la protection et les secours empressés des autorités militaires, on peut sans crainte s'avancer jusque dans le Sahara, qui n'est que le désert meublé d'oasis, et jouir de cet imposant spectacle dont on pourrait comparer l'effet à celui que produit pour la première fois la vue des hautes montagnes ou de la pleine mer.

Lorsque, après une succession de plaines et de défilés, on arrive au dernier col et qu'on voit se dérouler devant soi l'immensité du désert, se balancer à ses pieds les palmiers des oasis qui paraissent à peine un bouquet vert jeté sur l'uniformité sans bornes; quand le regard plonge sur cette plaine, vaste domaine du silence et de la chaleur brûlante, et qu'on sent le choc de ce vent desséché qui fond sur vous sans aucun bruit, l'esprit est frappé d'étonnement. La terre semble anéantie sous une couche de chaleur en quelque sorte palpable, qu'on voit rayonner et miroiter à sa surface. Souvent, une gigantesque colonne de sable s'élève au loin en muets tourbillons, ou bien un mirage décevant vous fait rêver de forêts et d'ombrages verts. On a hâte alors de gagner l'oasis et de se réfugier sous les palmiers. Il semble que déjà la soif vous poursuive et qu'on ne saurait longtemps contempler, sans égarement, l'infini d'un inflexible horizon qui recule toujours devant vous.

Dans la saison favorable, entre les pluies et les grandes chaleurs, on peut de Constantine aller faire une course au désert, sans presque plus de fatigues ou d'incommodités que pour une exploration dans l'Oberland bernois. Gardez-vous seulement de vous attarder sur les routes, car, dit-on, si vous passiez de nuit dans le voisinage des tentes d'une tribu, les chiens signaleraient votre approche, vous seriez probablement entouré, emmené captif et, malgré vôtre répugnance, forcé de rester jusqu'au lendemain sous la tente sale et basse d'une famille arabe. De peur d'accidents, vous ne seriez relâché qu'au point du jour. La tribu étant responsable de tous les délits commis sur son territoire, on comprendra son empressement et son zèle à prévenir les chances de mauvaises rencontres.

Sans s'aventurer aussi loin, le voyageur peut trouver à satisfaire sa curiosité. Alger, penchée et comme accoudée sur la montagne, les pieds dans la mer, deviendra sans peine une des plus jolies villes de la Méditerranée. Sous les Maures, des ordonnances sévères réglaient la hauteur des maisons, de sorte que les terrasses échelonnées de chaque demeure jouissaient de la plus belle vue. La mer, le coteau de Mustapha parsemé de blanches maisons de campagne, la plaine, un premier rang de montagnes, et au fond, les cimes neigeuses du Jurjura, soumis aujourd'hui comme le reste, offrent aux regards un vaste panorama, dont les trois ou quatre plans se développent dans un lumineux éloignement.

L'animation de la ville d'Alger rappelle le mouvement et le bruit de Naples ou de Péra, à Constantinople. La rade sillonnée sans cesse par les vapeurs de la poste, liens fréquents et précieux avec la mère patrie, les places et les rues remplies de brillants officiers à pied et à cheval, les spahis, les chefs arabes revêtus des costumes les plus divers, les porteurs nègres et biskris, les maçons kabyles, tous forment un pêle-mêle bruyant et varié.

Parfois, une file de chameaux est coupée et mise en déroute par une diligence à cinq chevaux qui part bruyamment pour Blidah ou d'autres points de l'intérieur. Les petites rues étroites de la vieille ville ressemblent aux sentiers d'une fourmilière. Le tumulte des passants, l'agitation des bazars, le tapage des métiers bruyants, les cafés, les marchands de fruits et de légumes, les porteurs, les âniers font un vacarme confus et animé dont la singularité amuse et étonne.

Dans le beau quartier, l'Espagnole sous sa mantille coudoie la femme mauresque qui se traîne drapée dans les plis confus de son costume blanc, empruntant des charmes souvent trompeurs au mystère de son voile. La Française élégante étale avec assurance la dernière mode de Paris; l'Anglaise, elle-même, dédaigneuse, dans ses bizarres accoutrements de touriste, des préjugés vulgaires, se rencontre partout avec le voile vert et l'album traditionnels; en Afrique, comme ailleurs, à l'orgueilleuse fermeté de son pas rapide, ou voit qu'elle sait bien que son consul veille d'un œil jaloux sur la fille d'Albion, et qu'une injure non réparée vaudrait mille embarras au pays inhospitalier pour elle.

Les environs offrent aux cavaliers des promenades sans nombre. Chaque jour on découvre un nouveau ravin, un nouveau point de vue ou de délicieuses maisons mauresques cachées dans les bosquets de myrtes et d'orangers.

Lorsqu'on aura exécuté le plan déjà étudié d'un quai, qui, passant devant la place du Gouvernement, irait de plain pied rejoindre le vieux môle, on possèdera pour les voitures et les piétons la plus belle promenade du monde, dominant le port, la haute mer, la rade et les montagnes; immense terrasse qui s'étendrait depuis les bâtiments de l'amirauté et la tour des signaux jusqu'à l'extrémité opposée de la ville, du côté du fort Babazoun.

Malheureusement, le bon goût n'a pas jusqu'ici présidé aux constructions nouvelles, et les bâtiments publics et privés n'ont rien su garder des formes mauresques ni rien prendre de nos édifices modernes. Le dédain de l'agréable et du beau, parfois même le mépris des monuments anciens et curieux paraissaient être à l'ordre du jour, sorte d'orgueil utilitaire et mathématique, qui semblerait rougir de sacrifier aux faux dieux de la forme.

Le moment le plus brillant d'Alger est, sans contredit, celui des courses de chevaux en automne; tous les trois ans surtout, quand les trois provinces se donnent rendez-vous dans la capitale. Les chefs arabes font de longs voyages et de grandes dépenses pour cette solennité, amenant avec eux leurs plus beaux chevaux, leurs tentes, leurs chameaux, leurs femmes et de nombreux serviteurs. Ils campent sur les bords de la mer, au pied du coteau de Mustapha ; leur camp et leurs fantasias présentent le plus complet et le plus séduisant spectacle de la vie orientale.

La ville de Blidah, parfumée encore par le reste de ses bois d'orangers ; Tlemcen, avec ses ruisseaux limpides ; Bone, Guelma et ses environs, et surtout Constantine, méritent l'empressement des voyageurs.

Bougie est aussi un des lieux pittoresques de la côte ; c'est le point le plus rapproché de la France et le plus favorable à la création d'un port superbe.

L'Algérie est bien voisine aujourd'hui de toutes les contrés que baigne la Méditerranée. Trois fois par semaine arrivent, en soixante heures, les voyageurs et les courriers de Paris. Deux fois par mois, au moins, des services réguliers vont en vingt-quatre ou trente heures d'Oran à Cadix et Malaga, où l'on retrouve des communications multipliées avec Cette et Marseille, par les ports de l'Espagne. Puis par Tunis, deux fois le mois environ, on peut en quarante-huit heures gagner Malte et joindre les bateaux qui visitent l'Orient, la Sicile et l'Italie.

Grâce à ces relations nombreuses, le commerce maritime a un avenir brillant et, dès aujourd'hui, plusieurs compagnies exploitent avec profit les lignes de l'Algérie. Le commerce des céréales est assuré, les laines et peut-être les cotons iront bientôt par grandes masses à Marseille. Quelques navires ont déjà porté en France des chargements de bestiaux vivants et le prix élevé de la viande développera cette branche de commerce.

En retour, les manufactures de France pourraient, au prix de sacrifices momentanés, arriver à vêtir toute cette population arabe, dont les tissus, résultats de procédés imparfaits, sont relativement fort chers. Chacun des 2 millions et demi d'indigènes n'achèterait-il, par année, que pour 1 franc d'articles de vêtements faits en France, ce serait au profit de nos fabricants un mouvement annuel de 4 millions. Les marbres, les métaux, les liéges fourniront aussi de précieux éléments de fret à notre marine marchande.

Les relations commerciales avec le sud se sont, depuis l'occupation française, complètement détournées de l'Algérie. Les caravanes, fuyant les désordres de la guerre, ont pris l'habitude de se rendre soit au Maroc, soit à Tunis ou à Tripoli. Les efforts du gouvernement tendent aujourd'hui à renouer des affaires avec les peuplades du Soudan, mais le commerce paraît devoir suivre d'autres voies ; un navire à vapeur anglais, construit exprès et profitant de nombreux essais déjà tentés, vient de remonter le Niger et l'un de ses affluents, jusque dans le cœur du pays des Nègres ; il a apporté des produits d'Europe à si peu de frais, que les caravanes, toujours lentes et périlleuses, ne pourront jamais soutenir la concurrence. Dans l'espace de sept mois, ce navire a fait son voyage et est rentré à Londres sans avoir perdu un seul marin.

L'Angleterre entretient des consuls jusqu'à Ghadamès, au sud de la régence de Tripoli, et cherche à attirer tout le commerce de l'intérieur dans les ports des deux régences de l'est ; à l'ouest, elle vient encore d'étendre ses relations par un nouveau traité avec le Maroc.

Cernés à l'est, à l'ouest et au sud par la concurrence britannique, nos négociants auraient besoin, pour lutter, d'une persévérance et d'un désintéressement momentané qui malheureusement sont bien loin de leurs traditions.

Mais le grand espoir, rêve de tous, c'est la découverte du charbon de terre. On a prétendu vaguement que les habitants du sud avaient connaissance de cette substance, et qu'en Kabylie on en aurait trouvé la trace. Si la Providence avait accordé ce dernier bienfait à l'Algérie, il ne lui resterait rien à envier à aucune autre contrée du monde; alors ce ne serait plus simplement une colonie; les Français verraient bientôt la patrie s'étendre sur les deux rives de la Méditerranée.

Ces renseignements et ces tableaux, résultats d'observations rapides et nécessairement incomplètes, recueillies en passant, sans préjugés ni parti pris, il est vrai, mais aussi sans études ni connaissances approfondies, suffiront peut-être, malgré leur caractère superficiel, à démontrer les avantages et les richesses de notre conquête africaine, et aussi l'enchevêtrement des difficultés sans nombre que présente la formation d'un pays nouveau et hostile au fond. Là, jusqu'aux premiers éléments, tout doit être créé; souvent le bien lui-même se tourne en mal, pour être seulement prématuré ou imposé avec trop de rigueur. Il est temps enfin d'inaugurer un système libéral, puisque les autres n'ont pas réussi. Les Anglais et les Américains nous ont montré la voie : ne restons pas en arrière et, profitant de leurs exemples, efforçons-nous de passer maîtres à notre tour dans l'art difficile de la colonisation.

Alger, *1867.*

FIN

TABLE

www.ingramcontent.com/pod-product-compliance
Ingram Content Group UK Ltd.
Pitfield, Milton Keynes, MK11 3LW, UK
UKHW020209250726
13967UKWH00003B/1356

9 782011 763358